GUIDED TAROT

TAROT

가이디드 타로

GUIDED TAROT

가이디드 타로
막힘없이 타로 카드를 해석한다

스테파니 카포니

번역 손은혜 감수 올리비아 서

페르아미카 실렌티아루네

차고 넘치도록 나를 지지해주는 연인,
션^{Sean}에게 이 책을 바친다.

페르 아미카 실렌티아 루네(per amica silentia lunae)는
로마의 시인 베르길리우스의 미완성 작품 '아이네이스'에 등장하는 라틴어 문장입니다.

아일랜드 시인 윌리엄 버틀러 예이츠는 1917년, 그의 나이 52세에,
자기 영혼의 역사를 기록하겠다는 신념으로 특이하고 몽환적인 분위기의 산문집 한 편을 완성합니다.

그리고 이 산문집을 'Per Amica Silentia Lunae'라는 제목으로 출간합니다.

이 라틴어 문장을 번역하면 '달의 친절한 침묵 속으로
(through the friendly silence of moon)'라고 표현할 수 있습니다.

페르 아미카 실렌티아 루네는 줄여서 '페르아미카'로 부릅니다.

페르아미카는 저희 출판사의 공식 명칭으로 번역·강의·연구 공동체를 지향하고 있습니다.

도서출판 페르아미카는 독자분들과 함께
기쁜 마음으로 불확실한 삶을 견디는 지혜를 나누고 싶습니다.

목차

들어가며

처음 타로^{Tarot}**를 접한 건** 십대였다. 그 카드는 라이더-웨이트-스미스덱^{Rider-} ^{Waite-Smith Deck}으로 동네 서점의 철학 코너에 있던 유일한 카드였다. 내게 타로가 무엇인지 가르쳐 줄 사람은 없었지만 나는 계속 이 카드에 끌렸다. 한동안 돈이 없어 바라만 보다가 아르바이트로 용돈을 모아 겨우 살 수 있었는데, 당시는 인터넷 같은 것이 없던 시절이었다. 신비로운 카드를 앞에 두고 딱히 배울 방법이 없었던 것이다. 난 침실 바닥에 카드를 펼쳐 놓고 이 예술 작품에 감탄하며 아름다운 그림을 감상했고, 카드 덱에 딸려 온 수수께끼같은 소책자를 읽어보며 시간을 보냈다.

그리고 어느새 20년이 흘렀다. 나는 일도 결혼 생활도 모두 망치고 있었다. 감정적으로 꽉 막힌 느낌이었고 후회와 막막한 질문으로 머릿속은 늘 복잡하기만 했다. 어떻게 그렇게 오래 내가 원하는 방향과 반대로 살 수 있었는지, 어떻게 내 인생을 제자리로 돌려 놓을 수 있을지, 나는 내 직관을 따르고 싶었다. 그때 다시 한 번 타로카드를 만났다. 이혼을 하고 얼마 후, 나는 가만히 앉아 카드 세 장을 뽑아보았다. 죽음 카드, 소드 9, 그리고 놀랍게도 마법사 카드였다. 마법사 카드는 나에게 깊은 영감을 주었다. 내면의 소리, 즉 직관에 따라 진정 내가 원하는 것을 해야겠다는 생각이 들었고, 그때부터 나는 나도 모르고 있던 내 자신을 찾아 나가기 시작했다. 처음 타로를 접하고 20년이 지나서야 나는 깊은 내면의 나 자신을 찾고 나의 타고난 재능에 감사하게 된 것이다. 그렇게 타로는 내 삶이 되었다. 처음에는 타로를 공부했고, 시간이 흐르면서 타로를 가르쳤으며, 결국 문 보이드 타로^{Moon Void Tarot}라고 하는 나만의 덱까지 만들게 되었다. 타로는 그렇게 나와 비슷하게 삶의 굴곡을 겪은 사람들에게 삶의 신비한 면과 소통하고 새로운 현실을 만들어 가는데 도움이 된다.

우리는 모두 내면 깊은 곳에 타고난 재능을 가지고 있다. 그리고 그 재능을 발휘할 능력 또한 가지고 있다. 타로는 자신의 재능을 발견하고, 자신의 재능을 발휘하여, 스스로 자신의 삶을 변화시킬 수 있도록 돕는다. 타로를 연습하다 보면 우리는 원형과 그 원형을 살아가는 우리 자신을 발견할 수 있다. 그것을 신성이나 신비, 신, 혹은 우주 등 그 무엇으로 불러도 좋다. 타로는 종교가 아닌 영적인 문제에 해당한다. 적극적으로 삶의 진실을 추구하는 사람 그 누구에게든 기꺼이 도움이 되어준다.

내가 이 책을 쓴 목적은 누구나 타로 카드를 쉽게 해석하게 하기 위해서다. 망설이거나 머뭇거리지 않고 말이다. 이는 내가 처음 타로의 여정을 시작할 때 간절히 바라던 것이었다. 78장의 카드 한 장 한 장의 의미를 처음 배울 당시 나는 너무 혼란스러웠다. 다른 타로 책들과 이 책의 차이는, 카드마다 저널쓰기라는 중요한 질문에 스스로 대답하며 카드 해석에 능숙해지도록 구성했다는 점과 그 구성을 따라가다 보면 자신만의 직관을 예리하게 기를 수 있다는 점이다. 헬스장에서 근육을 단련하듯 이 책을 따라 꾸준히 연습하다 보면 여러분의 직관은 어느새 선명하게 떠오를 것이다.

이 책에서는 나의 첫 타로 카드였고 현재 가장 많이 사용되는 라이더-웨이트-스미스 덱을 사용한다. 하지만 어떤 타로 덱을 선택하든 상관없다. 카드 각 장의 피상적인 의미에만 매몰되지 말고 본연의 의미에 집중해야 한다. 그리고 타로 저널^{tarot journal}을 써 볼 것을 강력하게 추천한다. 타로 저널이란 타로를 배우고 연습한 내용을 자신이 이해한 대로 적어나가는 것이다. 카드의 의미를 이해하며 외우고, 자신의 생각과 감정을 파악하고, 그리고 직관을 따라가는 세 단계의 과정이 필요하다. 이는 우리가 타로 카드를 통해 자신만의 고유한 생각과 통찰을 서로 공유하는 방법이다.

여러분의 가이드가 될 수 있어 영광이다! 이 책을 통해 나의 타로 지식을 여러분과 공유할 수 있고, 또한 이 책을 안내자 삼아 여러분의 타로 여행을 도울 수 있다. 천천히 시간을 내어 각 장을 읽어보고, 페이지 말미에 소개된 카드 질문에 따라 꾸준히 저널을 써보면 좋을 것이다. 물론 타로 카드를 손에 들고 느긋하게 카드를 바라보는 시간도 꼭 필요하다. 책의 내용을 천천히 따라가다보면 타로 카드의 의미를 빠르게 이해하는 자신의 모습에 감탄할 뿐 아니라, 여러분 자신에 관해 더 깊고 많은 사실을 알게 될 것이다. 그렇게 되면 머지않아 자기는 물론 주변 지인들에게도 자신있게 타로 카드를 읽어줄 날이 온다.

그럼 이제 카드를 들고, 시작하자!

제 1 장

타로 이해하기

타로를 배우는 것은 신나는 일이다!
타로를 익히다 보면 나와 세상을 연결해주는
새로운 언어를 배운다는 느낌을 받게 된다.
하지만 먼저 기초부터 다져 나가야 한다. 우선 간략한
타로의 역사와 카드 덱의 구조부터 알아보자.
또한 어떻게 하면 타로 카드를 더 정확하게 읽을지,
그리고 타로 카드가 자신의 삶에 왜 의미가 있는지
등과 같은 중요한 질문들도 다룰 것이다.

타로 카드의 원리

타로는 단지 재미삼아 갖고 노는 오락용 그림 카드가 아니다. 오히려 의도와 목적이 분명하다면 타로는 세상과 나를 중개하는 역할을 할 수 있다. 게다가 자신의 고유한 직관이 더해진다면 타로 카드는 개인의 깊고 내밀한 의미까지 보여준다. 이는 자신의 진실한 모습을 찾고 심오한 영적 의미를 깨닫는 데 중요한 역할을 한다. 타로를 나와 우주를 연결해주는 소통 장치라고 생각해보라. 우리는 언제든 그렇게 연결될 수 있다! 나에게 있어 타로는 과거를 돌아보고 동시에 내가 바라는 삶을 살아갈 수 있도록 나를 안전하게 지탱해 준 버팀목이었다. 그리고 타로를 통해 현실의 문제는 물론 나의 내면 세계가 요구하는 바를 더 잘 이해할 수 있게 되었다. 나 자신과 더욱 강렬한 유대감을 갖게 되면서 한층 의미 있는 만남과 소중한 기회를 발견할 수 있었다.

한 가지 중요한 사실은 타로 카드는 미래를 예언하는 도구가 아니라는 것이다. 타로는 우리의 직관에 확신을 더해주며 삶을 살아가는 데 큰 힘이 되어 주는 도구이다. 우리는 자신의 실제 모습과 대화하며 삶의 목적을 이루어 나갈 수 있다. 성실하게 카드의 의미를 해석하고 이해한다는 건 자신과 삶에 건설적인 질문을 던지는 법을 배운다는 것이다. 또한 직관을 사용하여 카드가 전달하는 의미를 해석하고 내가 처한 현재의 상황을 이해하는 것이다. 그렇게 우리는 타로를 통해 자기 자신은 물론 다른 사람들도 중요한 결정을 내리고 행동하는 데 도움을 줄 수 있다. 가끔은 바로 원하는 답을 얻지 못할 수도 있다. 왜냐하면 타로 카드는 우리가 원하는 결과를 얻기 위해 각별히 주의해야 하는 부분을 간접적으로 알려주기 때문이다. 그래서 항상 유연한 태도와 열린 마음을 유지해야 한다. 우리가 삶에 대해 던지는 질문들은 '예'와 '아니요'로 분명하게 나눌 수 있는 문제가 아니다. 오히려 자신의 직관을 믿고 따르는 법을 배워야 한다. 직관이야말로 카드를 해석하는 데 가장 큰 자산이다. 타로에 그려진 그림을 볼 때 무엇이 떠오르는가. 이를 통해 과연 자신의 삶이 바르게 나아가고 있는지, 아니면 이제 그 방향을 바꿔야 할 때인지 알게 된다.

타로 카드의 구성

대부분의 타로 덱은 78장의 카드로 구성되는데, 22장의 메이저 아르카나^{Major Arcana}라고 불리는 트럼프 카드와 56장의 마이너 아르카나^{Minor Arcana}로 이루어져 있다. '아르카나(arcana)'란 '비밀(arcanus)'을 의미하는 라틴어로 소수의 사람만 알고 있는 신비하고 전문화된 지식을 의미한다. 메이저 아르카나는 마이너 아르카나보다 더 중요하고 심오한 의미를 갖는다고 볼 수 있다. 현대에 제작된 타로 덱 중에는 카드가 몇 장 더 추가

된 경우도 있다. 하지만 이 책에서는 78장의 메이저 아르카나와 마이너 아르카나 카드를 다룰 것이다.

라이더-웨이트-스미스$^{Rider-Waite-Smith}$덱은 제작 당시에 만연했던 성^{gender} 관념을 따르고 있다. 따라서 이 책에서는 1909년 당시에 제작된 카드 속 인물을 설명하면서 '그녀' 또는 '그'라고 칭할 뿐, 오늘날 개인의 성정체성을 지시하는 다양한 용어들은 사용하지 않았다.

메이저 아르카나

흔히 트럼프 카드라고 불리는 22장의 메이저 아르카나는 인생의 중요한 사건들을 보여준다. 0번에서 시작해 21번으로 끝나는 트럼프 카드는 삶의 중요한 장면을 일종의 여행으로 이해하도록 도와준다. 그리고 자신의 내면세계와 현실 세계에 작용하는 힘을 개인과 집단 차원에서 보여주고 있다.

마이너 아르카나

나머지 56장의 마이너 아르카나 카드는 일상 세계에서 벌어지는 다양한 사건이나 상황을 나타낸다. 마이너 아르카나는 메이저 아르카나보다 덜 중요하지만, 우리의 삶을 하나로 엮어 주는 실과 같아서, 어떤 결정을 내리거나 자신을 더 깊이 알아가는 데 도움을 준다. 마이너 아르카나는 컵^{Cups}, 완드^{Wands}, 소드^{Swords}, 펜타클^{Pentacles}의 네 개의 슈트^{Suits}로 구성되어 있다. 각 슈트는 핍 카드$^{Pip\ Cards}$, 즉 1에 해당하는 에이스부터 10까지 숫자로 번호가 매겨진 카드로 이루어져 있다.

코트 카드

마이너 아르카나의 네 개의 각 슈트마다 네 장의 코트 카드$^{Court\ Cards}$가 있다. 이는 게임용 카드 덱과 유사한 면이 있다. 코트 카드는 각 슈트에서 핍 카드보다 한층 높은 수준의 에너지를 나타내며, 슈트 카드의 마스터로서 더 큰 영향을 미친다. 코트 카드의 인물은 이미 핍 카드를 지나오며 깨닫게 된 지혜와 경험을 갖추고 있으며, 궁정에서 각기 다른 신분이나 계급을 보여준다. 시종에 해당하는 페이지^{Page}, 기사 계급인 나이트^{Knight}, 여왕에 해당하는 퀸^{Queen}과 왕에 해당하는 킹^{King}으로 구분된다. 이들은 그들 나름대로 성숙하고 재능 있는 인물들이며 숫자가 매겨진 핍 카드보다 더 중요한 역할을 한다. 다음 장에서는 코트 카드가 가진 이중적인 요소를 살펴볼 것이다. 때때로 그들은 특정 인물을 나타내기도 하고 자신의 특수한 측면이나 상황을 둘러싼 에너지를 표현하기도 한다.

타로 카드와 친해지기

타로 카드를 처음 접하면서 나는 여러 질문들이 머릿속에 떠올랐다. 그리고 이 질문들에 나 스스로 대답하는 과정에서 타로 카드와 무척 친해질 수 있었다. 타로를 통해 내가 찾은 답이 자주 상충하면서도 미처 깨닫지 못한 부분을 가르쳐준다는 점에서 그저 놀라울 따름이었다. 그렇게 나 자신에 대해 알아 가면서 눈에 띄게 성장할 수 있었다. 궁금했던 질문에 적극적으로 답을 찾아가며 나를 속속들이 알 수 있었고 삶의 심오한 의미를 발견하기도 했다. 속단하기보다는 더 많은 호기심이 발동했고, 과거의 상처는 치유되었으며 두려움은 사랑으로 녹아 들었고, 삶은 다시 활기를 띠게 되었다. 여러분도 나처럼 타로 카드와 의미 있는 만남을 이어갈 수 있을 거라 믿는다.

본격적으로 타로를 배우면서 그 내용을 타로 저널에 기록하고, 타로를 통해 과연 내가 무엇을 배우고 싶은지 곰곰이 생각해 보자. 다음 질문을 보고 떠오르는 것을 모두 자유롭게 써 보라. 여기에는 정답도 오답도 없다.

→ 타로를 통해 나는 과연 무엇을 얻고 싶은 걸까?

→ 타로를 통해 내가 바꾸고 싶은 삶의 모습은 무엇일까?

→ 타로에 의지해서 떨쳐 버리고 싶은 시련이나 문제는 어떤 것이 있나?

→ 지금 이 순간, 나는 나의 직관을 충분히 이해하고 제대로 활용하고 있는가?

→ 지금 이 순간, 내 삶의 심오한 의미는 무엇일까?

타로 저널을 작성하면 타로를 배우고 해석하는 목적을 명확하게 세울 수 있다. 타로 카드를 뽑아 위 질문에 대한 답을 찾아보고 떠오르는 생각들을 기록해 보라. 시간이 지나면서 위 질문에 대한 답이 어떻게 바뀌는지 잘 살펴보라. 자신의 내면이 얼마만큼 성장했는지 알 수 있게 될 것이다.

간략한 타로의 역사

타로의 역사는 600년쯤 된다. 6세기 동안 타로의 의미와 용도는 끊임없이 변화해 왔다. 1400년대에 들어서, 타로는 게임용 카드 덱과 유사하게 네 개의 슈트, 코트 카드, 트럼프 카드로 구성되어 유럽 곳곳에서 등장했다. 1800년대에 타로 카드는 신비주의 오컬트^Occult 쪽으로 변형되어 점을 치는 도구로 사용되었다. 이 때문에 타로는 악마의 도구라고 폄하되기도 하였다. 현재 가장 유명한 라이더-웨이트-스미스 덱은 학자이자 신비주의자인 아서 에드워드 웨이트 경^A. E. Waite이 파멜라 콜먼 스미스^Pamela Colman Smith라는 화가에게 의뢰하여 완성한 덱으로, 라이더 컴퍼니사에서 1909년 출시했다. 오늘날까지 라이더-웨이트-스미스 덱은 현존하는 덱 중 가장 직관적이고 상징성이 풍부해서 그 의미를 쉽게 파악할 수 있는 타로 카드로 인정받고 있다. 라이더-웨이트-스미스 덱은 주로 유대교와 기독교의 이미지를 보여주지만, 그 상징과 의미는 모든 종교적 의미를 초월해서 지난 100년 동안 등장한 다양한 타로 카드에 상당한 영향을 끼쳤다.

지난 10년 동안 영성과 자기 치유에 대한 관심이 크게 증가해 왔다. 특히 끌어당김의 법칙(the law of attraction)을 이해하고 활용하려는 목적으로 타로를 사용하는 사람들이 부쩍 늘었다. 그 결과 타로 카드는 자신을 발견하고 삶의 변화를 이끌어 내는 탁월한 수단으로 부각되었다. 점차 많은 사람들이 인생이 그저 우연에 불과하다는 생각에서 벗어나 자기 내면의 신성한 힘을 발견하고 이를 발휘해서 스스로 원하는 현실을 만들어 갈 수 있다는 믿음으로 타로 카드를 사용하고 있다. 타로 카드를 해석하기 위해 역사나 신비 혹은 종교적 주제에 정통할 필요는 없다. 다만 그 점이 궁금하다면 이 책의 말미에 소개한 참고 문헌을 살펴보기 바란다.

카드 선택하기

이 책이 라이더-웨이트-스미스 덱을 예시로 든다고 여러분도 꼭 같은 덱을 살 필요는 없다. 사실 라이더 덱은 오늘날의 시각에서 보면 분명 성차별적인 요소가 배어 있다. 카드 덱의 선택은 지극히 개인적인 문제여서 자신의 취향에 따라 선택하면 그만이다. 타로 카드는 디자인과 그 내용이 매우 다양해서 선택의 폭이 매우 넓다. 예를 들어, 사람이 많이 등장하는 덱이 있는 반면, 사람이 전혀 등장하지 않는 덱도 있다. 또한 단 한 명의 주인공이 78장의 카드에 모두 등장하는 경우도 있다.

자신에게 말을 걸어오는 타로 덱이 있는지 자세히 살펴보자. 화려한 색감을 좋아하는가, 아니면 흑백의 디자인에 더 끌리는가? 복잡하고 상세하게 그려진 카드가 좋은가, 아니면 단순하고 명료한 디자인의 카드가 좋은가? 전통 타로 덱, 고전 타로 덱, 현대 타로 덱 중 어느 것이 좋은가? 자신을 설레게 하고 자신만의 삶의 경험을 표현한듯한 느낌의 덱을 선택하자. 타로 카드와 오랜 시간 지내다보면, 카드가 친구 같기도 하고 마치 자신의 분신처럼 느껴지기도 한다.

자신이 사용할 타로 카드를 자신이 직접 사면 불행이 닥치므로 타로 덱은 반드시 선물 받아야 한다는 미신이 있다. 이런 말에 현혹되지는 말자. 자기가 타로 카드를 사더라도 경험으로 다져진 능력은 결코 사라지지 않는다. 자신만의 타로 카드를 직접 선택하고 구입하자. 막연히 누가 선물로 줄 때까지 기다리지 말고.

실습편

타로 카드와 이야기하기

이제 타로 카드 한 장 한 장과 진실한 이야기를 나눌 차례이다. 타로 카드 각 장의 의미를 배우고 이해하면서 타로 덱과의 애정을 쌓아 나갈 수 있기 때문이다. 타로 카드를 섞은 후 모두 펼쳐서 카드의 그림을 자세히 살펴보라. 카드를 하나하나 보다 보면 눈에 띄는 카드가 있을 것이다.

타로 저널을 꺼내 아래 적힌 질문들을 카드에게 물어보라. 질문마다 카드 한 장을 뽑고 그 카드를 보며 순간 떠오르는 생각과 느낌을 타로 저널에 기록하면 된다.

→ 나는 타로 카드를 가지고 무엇을 하고 싶은 것인가?
→ 타로 카드가 나에 대해 가르쳐주고 싶은 것은 무엇일까?
→ 타로 카드가 나를 둘러싼 세상에 대해 가르쳐주고 싶은 것은 무엇일까?
→ 나에 대하여 가장 잘 설명해주는 타로 카드는 어떤 카드일까?
→ 지금 이 순간, 나를 가장 잘 설명해주는 타로 카드는 어떤 카드일까?

자신이 뽑은 카드를 보며 위 질문에 대답해보면서 자신이 타로를 배우는 목적이 무엇인지 명확하게 이해하자. 마음속의 목적을 '나는 ~하다' 혹은 '나는 ~이 있다'처럼 세우면 좋다. 예를 들어 '나는 직관력이 뛰어나다' 혹은 '나는 숨은 재능을 충분히 발휘할 능력이 있다' 처럼 마치 그 목적을 이미 달성한 것처럼 말하면 된다. 그런 다음 타로 저널에 자신의 목적을 정확히 적고 자주 말해 보면 그 목적이 달성되었을 때 자신에게 일어난 변화를 알아차릴 수 있다.

타로와 직관

타로는 직관intuition과 자아ego라는 서로 다른 내면의 반응을 구별하는 데 큰 도움이 된다. 직관을 구성하는 요소는 흔히 직감으로 불리는 것과 신체적으로(몸으로) 경험하는 숨은 지식으로 이루어져 있다. 한편 자아는 생각과 충동으로 이루어져 있는데, 이 때 충동은 자신의 안전을 추구하는 마음에서 비롯된다. 이렇게 서로 다른 인간 내면의 반응은 때때로 충돌한다. 안전하고 편안한 상태만을 추구하려는 자아로 인해 직관이 제대로 활동하지 못하기 때문이다.

우리의 마음과 자아는 안전을 추구하는 성향으로 인해 늘 확실하고 구체적인 대답을 요구한다. 그래서 타로를 공부할 때는 카드마다 정해져 있는 고유한 의미를 암기해야 한다. 그런 후에 자신의 직관을 개발하고 타로 리딩을 연습하게 되면 각 카드에 숨겨져 있는 의미를 파악할 수 있다. 이 책의 실습편은 직관을 개발하고 강화하는 데 도움을 준다. 그 결과 자기 자신을 더 잘 이해하고 자신의 숨은 능력과 재능을 발휘하도록 도와줄 것이다. 이처럼 직관적으로 카드의 의미를 파악하는 연습을 반복할수록 여러분의 직관은 더 정교하고 정확해질 수 있게 된다. 결국 시간이 흘러 자신이 암기한 카드의 고유한 의미와 직관적으로 깨닫게 된 카드의 의미가 균형을 이루면서 타로 카드를 막힘없이 읽고 이해할 수 있는 것이다.

나만의 카드 덱 만들기

자신만의 카드 덱을 만들면서 타로와의 애정을 키워 나갈 수 있다. 다양한 재료를 이용하여 타로 덱을 만들어 보자. 딱히 예술 감각은 없어도 좋다. 콜라주 기법으로 시작해보면 특별한 준비를 하지 않아도 타로 덱을 만들 수 있다. 색을 칠하고 맘에 드는 문구를 적고 모양을 만들어 보라. 메이저 아르카나부터 만들면 좋다. 카드의 핵심을 담기 위해 이미지와 문구에 대한 자료를 찾아보고, 카드마다 지니는 에너지나 그 카드가 자신에게 어떤 의미로 다가오는지 생각해 보라. 자신만의 이야기를 카드로 표현해보면 자신의 상처를 치유할 수도 있고 자신을 온전히 이해할 수도 있다.

내가 제작한 문 보이드 타로(The Moon Void Tarot)는 오직 나를 생각하며 만든 것이다. 문 보이드 타로 덱의 바보 카드에는 눈을 감고 벌거벗은 채로 어깨에 작은 봇짐을 메고 바다에서 걸어 나오는 나의 모습을 그려봤다. 이는 자전적인 이미지다. 메이저 아르카나 카드의 각 원형을 구현하는 하나의 캐릭터로 나를 그려 넣음으로써 카드 각각의 의미를 선명하게 이해할 수 있었고 나만의 직관을 더욱 분명하게 개발할 수 있었다. 나 자신의 경험을 구체적으로 카드에 담아내면서 카타르시스를 느꼈고 빠르게 과거의 상처로부터 벗어날 수 있었다. 그리고 내가 얼마나 용감한 존재인지 깨달을 수 있었다.

카드 78장을 모두 만드는 게 역부족이라는 생각이 든다면 우선 한 장만이라도 만들어 보자. 타로 저널에 카드의 윤곽을 그린 다음 자신이 가장 좋아하는 카드 한 장을 뽑아 본다. 그 윤곽 안에 간단하게 밑그림을 그려도 좋고 카드의 의미를 구체적으로 나타내는 문구를 적어도 좋다. 예를 들어, 완드의 여왕 카드를 선택하고 이를 나만의 카드로 만들려면 나는 '열정적인', '영감이 풍부한', '열정이 가득한', '마녀의 여왕'과 같은 문구를 적을 것이다. 이렇게 가벼운 마음으로 창의적인 활동을 하다 보면 자신의 직관은 구체화되고 스트레스는 해소된다.

제 2 장

타로 리딩:
타로 카드의 의미를
이해하고 해석하는 방법

....

타로 카드를 처음 접한다고 해서 걱정할 필요는
없다. 누구나 타로 리딩을 할 수 있다.
타로 리딩을 처음 하게 되면 각 카드의 상징과 막연한
의미에 집착하기 쉽다. 하지만 모든 카드는
결국 하나의 이야기로 볼 수 있다. 그 이야기는 의심과
두려움을 이겨내고 미지의 세상에 들어서는 바보의
여정이다. 바보가 그랬듯이 타로 리딩을 시작하기에
앞서 자신에 대한 섣부른 판단과 두려움은 모두
내려놓아야 한다.

....

타로 리더의 역할

자기 혼자 타로 리딩을 할 때는 자신의 감정이나 경험에 몰입하면서도 자신의 상황을 관망하는 자세가 필요하다. 강렬한 감정을 느끼는 순간 카드 한 장을 뽑아 그 감정에 숨겨진 힘을 냉정하게 바라볼 수 있어야 한다. 예를 들어, '지금 내가 이토록 화가 나는 이유는 뭘까?' '이제 어떻게 해야 마음을 진정시킬 수 있을까?'와 같은 질문을 자기 자신에게 던져 보는 것이다. 자신이 느끼는 감정에 압도당하고 혼란스러운 느낌이 든다면, 두세 번 심호흡을 하며 몸 안으로 들어오고 나가는 숨소리에 주목해 보자. 분명 명확하고 유익한 해답을 얻게 될 것이다.

다른 사람을 위해 타로 리딩을 한다면 자신의 개인적인 생각이나 감정은 배제해야 한다. 그래야만 카드의 의미를 제대로 전달할 수 있다. 카드 이미지를 보며 암기한 카드의 고유한 의미에 자신의 직관을 더해서 카드를 해석하라. 내담자에게 카드를 보여주며 어떤 느낌이 드는지 말하게 하자. 어떤 특정한 대답이나 해석의 방향 같은 것을 제시하면 안 된다. 그리고 타로 리더로서 내담자의 반응을 마치 자신의 느낌처럼 받아들이면 안 된다. 내담자가 자신이 어떻게 해야 하는지 조언해 달라고 부탁할 경우가 있다. 그럴 경우 먼저 내가 타로를 능숙하게 사용하여 구체적인 조언을 줄 수 있는 입장인가 따져 봐야 한다. 그리고 내담자가 당면한 문제를 해결하기 위해 무엇을 해야 할 지 고민한다면 타로 카드를 뽑아 해답의 실마리를 찾아 볼 수 있다. 잘 모르겠다면 추가로 카드 한 장 혹은 두 장을 뽑아 대화를 이어가고 내담자와 함께 그 결과를 같이 고민하는 게 좋다.

타로 리딩하기

타로 리딩에서 명쾌하고 정확한 답을 얻으려면 여러 절차를 거쳐야 한다. 예를 들어 호흡을 가다듬고 마음을 차분하게 다스리는 그라운딩grounding, 카드를 섞는 셔플링shuffling, 타로 카드 덱을 나누는 커팅cutting, 카드를 일정한 형태와 순서로 배열하는 스프레드spread를 들 수 있다. 전통적으로 타로 리더는 특정 스프레드를 먼저 선택한 후 타로 리딩을 진행한다. 카드 열 장으로 구성된 켈틱 크로스Celtic Cross가 자주 사용되는 스프레드지만, 초보자라면 카드 세 장을 사용하는 간단한 스프레드로 시작하는 게 좋다. 세 장 스프레드는 이해하기 쉬울 뿐 아니라 이 후 더 복잡한 스프레드를 배우고 적용하는 데 적지 않은 도움이 된다.

타로 리딩을 하기 전 잠시 시간을 내어 향을 피우거나 촛불을 켜 두어도 좋다. 아니면 평소 좋아하는 크리스털을 손에 쥐고 심호흡을 하는 것도 좋다. 어느 것이 더 좋은 지는 중요하지 않다. 이런 의식은 오직 자신을 위한 과정일 뿐이다. 타로 리딩을 하며 카드의 의미를 올바르게 이해하고 전달하는 데 도움이 된다면 그 무엇이라도 괜찮다.

1 단계: 그라운딩

타로 카드를 꺼내기 전에 먼저 그라운딩 작업을 진행해 보자. 이는 타로 리딩을 하는 중에 자연과 대지의 에너지를 받도록 도와주는 작업이다. 그라운딩이란 산만하고 들뜨기 쉬운 마음을 자신의 몸과 연결하고, 다시 자신의 몸을 땅과 연결하는 작업을 의미한다. 우선 몇 차례 심호흡을 하면서 정신을 맑게 하고 마음을 차분하게 가다듬자. 그리고 숨이 머리끝에서부터 발끝까지 온몸에 채워지는 것을 느껴 본다. 그리고 마치 발에서 뿌리가 자라나서 땅 속으로 파고 들듯이 자신의 발이 땅에 단단하게 연결되어 있다고 머릿속으로 상상해 보자. 이제 눈을 뜨고 현실로 돌아와 타로 리딩을 시작하면 된다. 다른 사람에게 타로 카드를 읽어 준다면 그 사람에게도 숨을 깊이 쉬고 내뱉어서 마음을 차분하게 가다듬도록 부탁한다.

2 단계: 셔플링

카드를 섞는 작업은 정답도 오답도 없다. 그저 자기만의 방식을 발견할 때까지 꾸준히 그리고 여러 가지 방법을 시도해 보아야 한다. 카드를 섞는 동안 카드가 바닥에 떨어지거나 카드가 모두 날아가 버려도 괜찮다. 여러 번 연습해보면 된다.

자기 혼자 타로 리딩을 한다면 자신의 마음이 타로 카드와 하나가 되었다는 느낌이 들 때까지 셔플 작업을 계속 반복한다. 궁금한 질문을 마음 속에 그려보면서 계속 카드를 섞고, 질문의 목적이나 의미를 선명하게 이해하도록 노력해야 한다.

3 단계: 커팅

오른손잡이면 오른손으로 왼손잡이면 왼손으로 카드를 나눈다. 마음에 들 때까지 카드를 섞은 후에 주로 사용하는 손으로 카드 전체를 두세 개의 더미로 나누어 내려놓는다. 그리고 나누어 놓은 카드 더미를 다시 하나로 합쳐서 쌓아 놓는다. 내담자가 직접 타로 카드를 섞고 나누고 다시 하나로 쌓아서 합치는 과정을 진행하게 해도 좋다.

4 단계: 뽑기

이제 카드 덱을 하나로 쌓아 놓았다. 오른손잡이라면 왼손으로 왼손잡이라면 오른손으로 카드를 한 장이나 여러 장 뽑으면 된다. 반대 손을 사용하는 이유는 우리의 직관은 평소 사용하지 않는 손과 관련 있다고 알려져 있기 때문이다. 테이블이나 바닥에 자신 쪽으로 카드를 펼쳐 놓고 뽑아도 좋고 카드 더미의 맨 위 장 카드를 뽑아도 괜찮다. 카드를 뽑을 때 직관을 발휘할 수 있는 손으로 뽑는다는 사실만 기억하자. 카드 뽑는 방법은 다양하게 연습해보고 자신에게 가장 편한 방법을 선택하면 그만이다.

5 단계: 배열

원하는 스프레드를 선택하고 카드를 한 장씩 뽑아 스프레드의 정해진 위치에 내려놓는다. 이때 카드를 뽑을 때마다 스프레드의 각 위치에 해당하는 질문을 소리 내어 말하거나 마음속으로 조용히 되뇌어 보도록 한다. 카드를 뽑고 질문을 한 후 해당 카드는 뒷면이 보이도록 뒤집어서 내려놓고 다음 질문으로 넘어간다. 스프레드마다 카드의 배열 위치를 알아 두면 켈틱 크로스 같은 복잡한 스프레드도 능숙하게 해석할 수 있다.

세 장이나 두 장 카드를 사용하는 간단한 스프레드로 시작해보라. 질문이 모두 끝날 때까지 카드는 모두 뒷면이 보이도록 뒤집어져 있어야 한다. 이렇게 해야 정확하게 리딩할 수 있다. 다음 질문을 하기 전 카드 앞면을 보게 되면 해당 카드의 의미가 다음에 뽑게 될 카드에 영향을 미쳐 정확한 상황을 반영하지 못할 수도 있다.

타로 리딩을 할 때 표지 카드 significator card 를 사용할 수도 있다. 임의로 카드를 뽑기 전에 표지 카드를 먼저 뽑고 이를 안내삼아 타로 리딩을 하는 것이다. 우선 표지 카드를 골라 앞면이 보이도록 놓고 나머지 카드를 셔플하면 된다. 예를 들어, 사랑 관련 리딩을 할 때는 6번 연인 카드를, 법적 문제나 분쟁 관련 리딩을 할 때는 11번 정의 카드를 표지 카드로 사용하는 것이다. 표지 카드로는 원하는 카드를 골라도 좋고 특별히 원하는 카드가 없을 때는 끌리는 카드를 선택하면 된다.

6 단계: 뒤집기

카드를 뒤집는 방법 역시 정답도 오답도 없다. 카드를 뒤집어서 카드 그림을 잘 살펴보고 카드의 고유한 의미를 파악하자. 자기 혼자 리딩한다면 카드를 보고 떠오르는 생각과 느낌을 타로 저널에 적어 본다. 남들에게 카드 해석을 해준다면 카드의 고유한 의미와 함께 자기 나름의 해석도 말해 준다.

7 단계: 해석

이제 스프레드에 필요한 카드를 모두 뽑은 셈이다. 이 카드를 한 자리에 모두 펼쳐 놓고 어떤 느낌이 드는지 잘 살펴보자. 소드, 컵, 펜타클, 완드 중에 자주 등장하는 슈트는 무엇인가? 특정 슈트의 카드가 여러 장 나온다면 그 슈트에 해당하는 원소가 해당 스프레드의 분위기를 지배하게 된다. 카드가 정방향인가? 역방향인가? 정방향은 카드를 뽑을 때 카드 방향이 올바르게 나온 것이고, 역방향은 거꾸로, 즉 카드의 윗부분이 아래를 향해서 나왔다는 의미이다. 정방향인지 역방향인지에 따라 카드의 의미는 달라진다.

메이저 아르카나가 등장하는가? 이는 삶의 중요한 사건을 이야기하는 것이다. 메이저 아르카나 카드는 특정 스프레드 속에 등장할 때 자신의 고유한 의미를 더 풍부하게 드러낸다. 고정된 카드의 의미에만 매달리지 말고 스프레드 속에 등장하는 여러 카드들을 마치 일관된 이야기를 구성하는 구체적인 사건으로 바라보자.

타로 리딩을 하는 동안 전통적인 카드의 의미가 떠오르지 않을 수도 있다. 아주 흔한 일이다. 그럴 때는 숨을 깊게 들이쉬며 우선 긴장을 풀어 보라. 그리고 카드의 이미지가 전하는 메시지에 주의하면서, 자신에게 와닿는 단어나 생각을 믿고 따라가면 된다.

타로 카드의 리딩 방법

앞에서 소개한대로 타로 카드의 리딩 방법에는 두 종류가 있다. 카드의 고유한 의미를 암기하고 이해하는 방법과 자신의 직관에 따라 카드를 해석하는 방법이다. 타로 카드를 해석하는 데 이 두 가지 방법 모두가 중요하기에 이 점을 잠시 다뤄 보려고 한다.

카드 각 장마다 고유한 의미와 핵심 키워드가 있다. 당연 정방향, 역방향의 의미도 여기에 해당한다. 타로 카드의 이미지는 인류 역사를 통틀어 수없이 많은 이야기에 등장하는 원형archetype, 다시 말해 인류의 보편적인 상징을 떠올리게 한다. 그리고 이런 원형의 이미지와 상징은 어떤 종류의 타로 덱이든 상관없이 거의 동일한 의미를 공유하고 있다. 이 책에서는 원형의 상징과 의미를 역사적으로 살펴보는 대신 원형의 보편적인 의미를 다루고자 한다. 타로 카드를 해석하면서 카드의 고유한 의미를 참고하면 타로 스프레드로부터 중요한 정보를 파악할 수 있다. 예를 들어 각 카드의 이미지와 네 개의 원소가 어떤 관련이 있는지 부터 마이너 아르카나 혹은 메이저 아르카나가 몇 장 나오느냐에 따라 현재 상황이 얼마나 심각한지 까지 중요한 메시지를 이해하는데 큰 도움이 된다.

카드의 고유한 의미도 찾아보고 암기해야 하지만, 타로 리딩을 하는 동안 자연스럽게 떠오르는 생각이나 느낌, 그리고 그에 따른 자기만의 해석을 표현할 줄도 알아야 한다. 직관에 기대서 자신만의 해석을 많이 내 놓을수록 직관을 더욱 섬세하고 구체적으로 경험할 수 있다. 타로 리딩을 풍부하고 의미 있게 하려면 이처럼 두 가지 방법, 즉 지식과 직관을 모두 활용해야 한다.

그리고 어떤 카드를 뽑든 간에 자신과 내담자 모두 자신의 의지와 선택이 가장 중요하다는 사실을 기억해 두자. 타로 카드는 단지 가능성만 보여줄 뿐이다. 타로 카드를 뽑고 걱정스러운 상황이 나왔다면 액면 그대로 이 상황을 받아들일 수도 있지만 거꾸로 이 불편한 상황을 타개하기 위해 노력할 수도 있는 것이다. 어느 것을 선택하든 그것은 여러분의 자유다.

내러티브 리딩

내러티브 리딩이란 카드 전체를 바라보며 카드 각 장의 해석을 조합한 후, 의미 있는 이야기를 만드는 과정이다. 카드 세 장을 사용하는 스프레드처럼 우선 간단한 스프레드를 가지고 내러티브 리딩을 시작해 본다. 예를 들어, 카드 세 장을 뽑은 후에 카드 각 장의 고유한 키워드를 이용해서 하나의 문장을 만들어 보자. 만약 0번 바보 카드, 완드 3 카드, 펜타클 8 카드를 뽑았다면, '새로운 시작', '개발이나 확장', '만족스러운 일'이라는 키워드를 얻게 된다. 이를 연결해 보면 '새로운 시작으로 나의 잠재력은 개발되고 그 결과 더 만족스러운 일이나 경력을 쌓게 해준다.' 라는 문장을 만들어 볼 수 있다. 이렇게 만든 문장에 각 카드를 보며 떠오른 생각과 느낌을 더한다면 이 세 장의 카드 배열에서 더 심오한 의미를 파악할 수 있다.

역방향

타로 카드를 뽑고나면 카드의 방향이 정방향인지 아니면 거꾸로 놓인 역방향인지를 바로 알 수 있다. 역방향의 카드 의미는 정방향과는 다르다. 자신의 직관을 믿고 그 직관에 따라 카드를 해석하게 되면 카드의 역방향 의미는 보다 선명하게 다가온다. 처음에는 역방향의 의미를 해석하는 게 어려울 수 있다. 역방향 해석에 익숙해질 때까지 카드를 모두 정방향 의미로만 해석해도 된다. 아예 역방향을 배제하고 타로 리딩을 해도 아무 문제가 없다.

　　내 경험에 따르면 카드의 역방향 의미는 상황에 따라 달라지는 경우가 많았다. 그래서 나는 카드의 고유한 의미에만 집착하지 않고 나의 직관에 따라 의미를 파악하려고 노력해 왔다. 만일 타로 카드가 역방향으로 나온다면 다음과 같이 해석해 보자.

　　때가 올 때까지 기다려라 카드가 역방향으로 나오면 카드의 정방향 의미가 실현되기까지 오랜 시간이 걸린다고 볼 수 있다. 분명 정방향대로 카드의 의미가 실현되겠지만 그때까지 좀 더 기다리고 인내할 필요가 있다. 예를 들어 펜타클의 왕 카드가 역방향으로 나오면 마음에 드는 직장을 구할 가능성이 매우 크다. 하지만 그 기회는 예상과는 달리 더디게 찾아온다. 그러니 인내심을 가지고 낙관하며 기다릴 필요가 있다.

　　혹시 간과하고 있는 건 없는지 주의 깊게 살펴보자 역방향 카드는 정방향 의미를 가로막는 걸림돌을 넌지시 가르쳐준다. 예를 들어 에이스 컵 카드가 역방향으로 나오면 새로운 인간관계가 맺어질거라 예상해 볼 수 있다. 하지만 그 관계가 의미 있게 이어지려면 자신을 사랑하고 자기에게 필요한 것을 돌보는 과정이 우선되어야 한다. 이 점을 간과하면 새로운 관계는 그저 피곤해지기 쉽다.

　　외부 상황이 아닌 자신의 내면에 집중하라 역방향 카드는 자신을 둘러싼 주변 상황이 아닌 자기 내면의 문제를 지시할 때가 있다. 예를 들어 소드 6 카드가 역방향으로 나오면 자신의 문제나 고민을 털어놓지 못하고 가까운 사람에게 도와 달라고 말하지 못해 힘들어 하면서 정체의 늪에 빠진 상황을 의미한다.

에너지의 방향을 살펴보라 카드 3장으로 구성된 스프레드를 사용해 자신의 과거, 현재, 미래를 보는 타로 리딩을 하고 있는데, 현재를 나타내는 중간의 카드가 역방향으로 나왔다고 가정해 보자. 이 카드에 등장하는 인물이나 상징이 과거를 지시하는 걸까, 아니면 미래를 지시하는 걸까? 예를 들어 과거 카드에 4번 황제 카드가 그리고 현재 카드에 역방향의 컵의 기사 카드가 마지막으로 미래 카드에 완드 2 카드가 나왔다고 하자. 현재 카드로 뽑은 컵의 기사가 거꾸로 나오게 되면 이 카드는 미래의 완드 2 카드가 아닌 과거의 4번 황제 카드에 컵을 주는 것처럼 보일 것이다. 이렇게 되면 무언가를 새롭게 시작하지 못하고 과거의 문제나 상황을 바로잡는 데 자신의 감정을 쏟아 붓고 있다는 의미가 된다.

코트 카드

시종Page, 기사Knight, 여왕Queen, 왕King은 코트 카드에 등장하는 인물들이며 자신이 속한 슈트 카드를 지배하는 존재이다. 제 1장에서 언급했듯 코트 카드의 인물은 에이스로 시작해서 10으로 끝나는 핍 카드의 의미를 충분히 경험하고 실현한 존재이다. 코트 카드에 등장하는 인물을 그들의 성별에 따라 판단하고 이해하면 카드 해석이 어려워진다. 코트 카드가 나왔다면 인물의 성별은 무시하고 카드를 해석하는 게 좋다. 대신 코트 카드의 인물이 해당 슈트의 의미를 충분히 체득하고 있는지 그리고 각 슈트를 대변하는 원소의 성격을 제대로 반영하고 있는지를 살펴보아야 한다. 코트 카드의 인물을 간단하게 정리하면 다음과 같다.

시종은 각 슈트의 의미를 대변하기에는 경험이 부족하다. 기사와는 달리 아직 세상을 경험하러 나서기엔 미숙한 존재이다.

기사는 일반적으로 원소의 속도를 나타낸다. 그로 인해 사건이나 경험이 발생하는 속도에 차이가 난다. 마치 불이 타는 속도가 물이 흐르는 속도보다 빠른 것처럼 말이다. 기사의 모험은 각 원소의 본질을 경험하고 차원 높은 지식과 기능을 연마하는 데 그 목적이 있다.

여왕은 모든 슈트에서 이해하고 수용하는 존재로서 자신과 타인 모두를 순수하게 보살피고 받아들이는 인물이다.

왕은 모든 슈트에서 적극적으로 활동하는 존재로서 경험을 쌓고 완성해서 권력을 누리고 지도력을 발휘하는 인물이다.

실습편

매일 반복하는 타로 리딩 연습

마치 소중한 의식처럼 매일 타로 리딩을 하다 보면 복잡한 질문과 애매한 해석으로 당황하지 않게 된다. 처음에는 모든 카드를 정방향의 의미로 해석하면 된다. 정방향 의미를 차근차근 공부하고 난 후에 카드의 역방향 의미를 배우면 된다. 카드 한 장으로 매일 타로 리딩을 연습하는 과정을 소개한다.

1. 커피나 차를 타서 타로 저널을 들고 타로 리딩을 할 만한 자리를 찾아본다.
2. 몇 차례 심호흡을 하며 마음을 가다듬고 타로 카드를 준비한다.
3. 타로 카드를 셔플하면서 타로 카드를 향해 조용히 혹은 소리 내어 다음과 같이 질문한다. '오늘 하루 내가 알아야 할 것은 무엇일까?' 그런 다음 카드 한 장을 뽑아 떠오르는 생각과 느낌을 주의 깊게 들여다본다.
4. 이처럼 하루하루 어떤 카드가 나왔는지 그리고 어떤 생각과 느낌이 들었는지 혹은 어떤 반응이 있었는지 타로 저널에 잘 적어 둔다.

매일 한 장씩 카드를 뽑고 처음에 들었던 생각과 느낌을 타로 저널에 기록해 두면 자신만의 직관을 키우는 데 큰 도움이 된다. 카드를 보고 떠오르는 생각을 모두 적은 후 카드의 고유한 의미를 책에서 찾아보자. 카드의 고유한 의미가 자신이 직관적으로 파악한 내용과 유사한지 잘 살펴봐야 한다. 카드의 고유한 의미가 자신의 직관적인 생각과 일치하는가 아니면 서로 모순되는가? 당연 서로 모순되거나 불일치하는 경우도 허다하다. 내 경험에 비추어볼 때 이렇게 모순되는 상황이 발생하면 자신이 뽑은 카드와 관련해서 지금 자신이 겪고 있는 삶의 문제를 좀 더 자세히 들여다보라는 신호였다. 여러분이 어떤 카드를 뽑든 그 카드는 꼭 필요한 카드였음을 잊지 말자.

수비학

타로 카드는 카드 각 장마다 숫자가 적혀 있는데, 이 숫자들은 카드 의미를 해석하는 데 중요한 실마리가 된다. 수비학은 바로 이 숫자와 그 의미를 연구하는 학문이다. 메이저 아르카나 카드는 총 22장이지만 수비학은 모든 숫자를 1에서 10으로만 표시한다. 예를 들어, 19번 태양 카드를 수비학적으로 계산하면 1과 9를 더한, 1+9=10이다. 아래 숫자별 의미를 살펴보고 이를 잘 기억해 두자. 그러면 타로 리딩을 하면서 숫자별 의미도 접목해 카드를 해석할 수 있다. 내 경험에 비추어 보면 카드별로 수비학의 의미를 기억해 두면 카드의 고유한 의미를 찾아보지 않고도 해석이 될 정도였다. 예를 들어, 황제 카드는 4번에 해당하는데 숫자 '4'는 구조, 안정된 현실, 토대를 의미한다. 타로 카드를 처음 접한다면 숫자의 수비학적 의미를 기억하는 게 당장은 어려울 수 있다. 그렇다면 이 부분은 넘어가고 나중에 다시 돌아와 공부하면 된다.

1 — 새로운 시작, 개인의 역량이나 관계 혹은 상황
2 — 선택, 이원성, 동반자 관계, 협력
3 — 창조성, 창의력, 협력, 공동체
4 — 구조, 안정, 안정된 현실, 기초, 토대
5 — 변화, 변동, 불안정, 상실이나 손해
6 — 균형, 평정, 선택, 조화
7 — 직관에 따른 행동, 마법, 불가사의한 힘
8 — 무한, 성공, 행운, 출세, 힘이나 능력
9 — 단독, 혼자만의 시간, 완성 직전의 상황
10 — 완성, 성취, 달성, 한 주기의 완성, 더 높은 차원의 주기가 시작

늘 한결같은 질문 그리고 대답

타로를 가르치며 나는 학생과 고객들로부터 다양한 질문을 받아왔다.
'카드에 어두운 실체가 갇혀 있나요?' (그럴리가요!) '제가 아이를 몇 명이나 낳을까요?'
(타로로는 알 수 없습니다.) 나는 학생들 스스로 독자적인 리딩 방식을 발견하도록 도와주었
고, 그들에게 가장 적합한 타로 카드 덱을 선택하도록 조언해 주었다. 타로 카드와 관련
해서 내가 자주 들었던 질문들을 아래에 소개한다.

문: **어떤 종류의 질문을 해야 하나요?**
답: '예'나 '아니오'같은 단답형 질문이나 '언제' '어떻게' '왜'와 같은 육하원칙 형식의
질문은 별로 도움이 되지 않는다. 좀 더 생산적인 질문을 해야 한다. 그게 쉽지 않
다면 먼저 생각을 풀어 가며 질문을 해보자. 예를 들어, '나는 언제 영혼의 단짝
을 만날 수 있나요?'라고 하지 말고 '현재 새로운 연인이나 친구를 만날 여력이나
상황이 되는지 이를 보여주는 카드는 무엇일까?' 또는 '마음을 열고 건전한 사랑
을 하기 위해 내가 할 수 있는 건 무엇일까?'라고 물어보는 게 좋다. 직장이나 경
력 또는 금전적인 질문도 마찬가지다. '연봉이 언제 오를까요?'라는 질문 대신에
'수입이나 소득을 늘리려면 당장 어떤 부분에 노력을 더 쏟아야 할까?' 또는 '지
금의 삶이 더 풍족해지기 위해 내가 알아야 할 재능이나 가능성은 무엇일까?'라
는 질문을 던져 본다.

문: **타로 카드는 미래를 예측할 수 있나요?**
답: 타로 카드는 그저 미래를 예측하는 수단이 아니다. 오히려 앞으로의 상황을 둘러
싼 기운과 관계 혹은 상황이 흘러가는 방향에 대한 정보를 전해 준다. 예를 들어
내담자가 새로운 인간관계를 묻는 질문을 하고 소드 3 카드를 뽑았다고 가정해
보자. 그러면 이 상황을 둘러싼 기운은 아직 치유나 회복 단계에 머물러 있다는
의미이다. 내담자는 아직 감정적으로 회복되지 못한 상황이며 과거의 비통한 심
정에서 벗어나는 중에 있다. 만약 같은 질문에 컵 2 카드를 뽑았다면 서로 마음이
통하고 교제할 수 있는 여지가 충분한 것이다.
이처럼 타로 카드는 장차 상황을 지배하는 기운이나 방향을 내포하고 있어서 가능한
사건에 대한 통찰을 제공한다. 그렇다고 그 결과에만 너무 치중하면 안 된다. 그 대신
타로 카드를 활용해서 자신이 원하는 현실을 향해 나아갈 수 있도록 지금 이 순간의
가능성에 주목해야 한다. 과거, 현재, 미래를 알아보는 카드 3장의 스프레드에서도 미
래를 나타내는 카드는 가능성만을 보여줄 뿐 미래의 결과 그 자체를 보여주는 것은
아니다. 미래를 결정하는 것은 바로 자신의 의지와 선택이다.

실습편

초점 리딩*focused reading*

타로 리딩을 처음 접한다면 누구나 카드 각 장의 고유한 의미를 암기하고 여러 측면을 고려해 카드 해석을 한다는 게 쉽지 않다. 카드의 특정 요소에 집중해서 카드를 해석하는 초점 리딩은 이런 어려움을 해소하는 데 나름 돌파구가 될 수 있다. 늘 그렇듯이 타로 저널을 작성하면서 초점 리딩을 하며 느끼고 배운 점을 전부 기록해 보자. 초점 리딩의 어떤 점이 좋았는지 그리고 이를 통해 배운 게 무엇인지 기록하면 된다. 타로 리딩을 하면서 이렇게 터득한 방법과 내용을 언제든지 적용하고 활용할 수 있다.

숫자를 활용한 초점 리딩

숫자 리딩은 각 카드의 숫자에만 주목해서 숫자의 의미가 카드의 이미지와 에너지를 어떻게 강화하는지 살펴보는 방법이다. 아무런 질문도 하지 말고 카드 세 장을 뽑는다. 세 장의 카드로 구성된 이 스프레드에서 각 카드의 숫자를 확인하고 그 숫자의 의미가 무엇인지 떠올려 본다. 그리고 카드 세 장의 숫자를 모두 더해서 나온 숫자를 카드 전체의 의미로 해석한다. 예를 들어, 펜타클 7 카드, 11번 정의 카드, 19번 태양 카드를 뽑았다면 이 스프레드의 최종 숫자는 10이 된다. (7+1+1+1+9 = 19, 1+9 = 10). 숫자 '10'은 완성이나 하나의 주기가 끝나고 더 높은 차원에서 새로운 주기가 시작된다는 의미이다. 그래서 이렇게 생각해 볼 수 있다. '좋아, 하나의 주기의 완성이라… 그럼 다음에는 뭐지?' 이런 질문에 대한 답을 찾으려면, 다시 한 번 숫자를 더해서 한 자리의 수를 만들어야 한다. 즉, 10은 1이 된다(1 + 0 = 1). 숫자 '1'은 개인 차원의 능력이나 활력을 의미한다. 즉, 나는 발전해가며 성공할 수 있는 역량을 이미 갖추고 있다. 그래서 현재 삶의 한 주기가 마무리되고 다시 새로운 차원의 삶을 시작한다는 의미로 해석해 볼 수 있다.

색채를 활용한 초점 리딩

색채 리딩은 타로 카드의 색상과 관련해서 직관적으로 떠오르는 느낌과 감정을 활용한다. 색채는 자연스런 감정과 느낌을 불러일으키므로 타로 카드와 직관적으로 소통할 수 있는 중요한 수단이 된다. 앞에서처럼 아무런 질문을 하지 않은 채 카드 세 장을 뽑아 본다. 카드 각 장을 보고 있으면 가장 눈에 띄는 색이 있을 것이다. 예를 들어 라이더-웨이트-스미스 타로 덱의 소드 3 카드는 우울한 회색 바탕에 선홍색 심장이 카드 중앙에 그려져 있다. 이 카드를 보면 어떤 느낌이 드는가? 가장 눈에 띄는 색을 주목해서 일렁이는 느낌과 감정을 타로 저널에 기록해 보자.

문: 힘들고 가슴 아픈 메시지는 어떻게 전해 줘야 할까요?

답: 타로 카드를 펼치기 전 우선 내담자에게 긍정적이거나 부정적인 메시지 모두를 전달해도 되는지 물어보고 동의를 구하자. 그리고 만일 부정적인 의미의 카드가 나온다면, 추가로 카드를 한 장 내지 두 장을 더 뽑아서 현재 상황이 의미하는 바를 냉정하게 바라보고 어떤 선택을 할지 고민해볼 수 있다. 이렇게 어려운 시기를 견뎌 낼 수 있는 희망의 여지가 있는 지도 카드를 뽑아 확인해 본다.

문: 만약 타로 카드를 뽑았는데 전혀 이해할 수 없는 상황이 나온다면 어떻게 하나요?

답: 일단 심호흡을 하고 마음을 가다듬는다. 이런 일은 늘 있는 법이다. 생각이나 감정이 산만해지면 이는 고스란히 타로 카드에도 영향을 미친다. 그러니 우선 호흡을 가다듬고 이 난감한 상황을 헤쳐 나갈 수 있도록 '조력 카드'를 한 장 내지 두 장을 뽑는다. 조력 카드^{clarifying card}는 카드 해석이 어렵고 혼란스러운 상황에서 명확한 의미를 찾을 수 있게 별도로 뽑는 카드를 말한다. 예를 들어 컵의 여왕 카드를 조력 카드로 뽑았다고 치자. 혹시 지금껏 살아오며 만난 어느 특정한 사람이 연상되는가, 아니면 어떤 특별한 감정이 떠오르는지 살펴보자. 그러면 처음 뽑았던 카드들이 자신에게 무엇을 말하려고 했는지 이해가 될 것이다. 혼자서 타로 리딩을 하며 이해되지 않는 상황과 마주친다면 조력 카드를 뽑고나서 잠시 느긋하게 생각하면서 떠오르는 생각과 느낌을 타로 저널을 기록해 보자.

다른 사람을 위해 타로 리딩을 하는 경우 걱정 말고 내담자의 도움을 요청하자. 일단 내담자에게 카드의 메시지가 서로 상충해서 이해하기 힘든 면이 있다고 솔직히 털어놓는다. 그리고 내담자에게 지금 어떤 생각이나 느낌이 드는지 물어본다. 많은 사람들이 타로 리딩을 일종의 영적 상담처럼 보고 있어서 자신의 감정과 경험을 주저하지 않고 고백하는 경우가 많다. 그들이 한 말을 잘 새겨 듣고 이를 카드 해석을 위한 문맥으로 활용하자. 그래도 타로 리딩이 어색하고 막히는 상황이라면 카드 해석을 중단하고 다시 셔플을 하는 게 좋다. 이제 막 타로 리딩을 시작한 셈이다. 이런 일로 자책할 필요는 없다. 타로 리더라면 누구나 이런 상황을 피해 갈 수는 없다.

문: 부정적인 의미의 카드가 나오면 어떡하죠?

답: 간단하게 대답하면 부정적인 카드 같은 것은 없다! 13번 죽음 카드, 15번 악마 카드, 소드 9 카드와 같은 카드는 나름 불편할 수도 있다. 이런 카드들이 삶의 불편한 이면을 드러내기는 한다. 그렇다고 해서 원래부터 부정적이고 나쁜 카드라고 할 수는 없다. 불편해 보이는 카드는 우리가 힘들어서 마주하고 싶지 않은 삶의 이면을 가리킨다. 오히려 이런 카드들은 호기심을 가지고 바라볼 필요가 있다. 우리가 인간적으로 성장하고 회복하는 데 꼭 필요하기 때문이다.

실습편

카드에서 가장 눈에 띄는 요소는 무엇인가?

타로 카드 각 장의 이미지를 자세히 살펴보고 나름의 해석을 적어가다 보면 어느 순간 자기만의 직관을 개발할 수 있게 된다. 카드 해석의 과정을 분명하게 경험하고 싶다면 카드마다 떠오르는 느낌과 감정을 자유롭게 써서 표현해 보자. 카드를 보며 가장 눈에 띄는 요소는 무엇인가? 카드의 색채인가? 아니면 어떤 구체적인 상징이나 이미지인가? 카드를 보며 떠올렸던 느낌과 주관적인 해석을 타로 저널에 적어두자. 가장 눈에 띄는 게 있다면 이는 여러분이 꼭 이해할 필요가 있는 것이다. 그러므로 자기 자신을 의심하지 말자.

이제 본격적으로 타로 카드 78장의 의미를 구체적으로 공부할 차례이다. 타로와 관련한 다양한 용어 정의, 카드 각 장의 의미와 해설, 그리고 카드마다 스스로 묻고 답변하는 구체적인 질문을 소개한다. 전통적인 의미와 해석 못지않게 중요한 것이 있다. 바로 타로 카드에서 여러분이 가장 주목하는 부분, 다시 말해 여러분의 고유한 직관과 느낌이다.

제 3 장

타로 스프레드

....

타로는 어떤 질문에도 답을 해 준다. 인간관계나
현재 상황에 대한 질문, 심리나 감정에 대한 질문,
또는 중요한 결정이나 판단을 내릴 때, 타로 카드를
펼쳐서 리딩을 하는 것이다. 초보라면 카드에 익숙해질
때까지 간단한 스프레드(배열법)로 시작하는 것이 좋다.
매일 카드를 한 장씩 뽑아 타로 리딩을 하다가 점차
두 장, 세 장 스프레드로 늘려 가는 것이다. 그렇게
타로 리딩에 능숙해지면 다섯 장 스프레드도 해보고
카드 열 장을 사용하는 켈틱 크로스^{Celtic Cross}로도
리딩할 수 있게 된다. 본 장에서는 앞 장에서보다 조금
더 복잡한 스프레드를 설명할 것이다. 만일 앞 장의
내용을 그냥 건너뛴다면 설명이 조금 어려울 수 있다.
우선 간단하고 구체적인 스프레드를 배우고 이어 좀
더 복잡한 스프레드를 익혀 보자.

....

무엇을 포기하고
무엇을 간직할지 알아본다

1. 포기한다.

이제 포기하고 내려놓아야
할 것은 무엇일까? 혹은 너무
집착하고 있어 나의 열정과
시간을 낭비하게 만드는 사람,
사물, 생각이나 습관은 무엇일까?

2. 간직한다.

꾸준히 성장하기 위해 꼭
간직해야 할 사람, 사물, 생각이나
습관은 무엇일까?

이 강력한 두 장 스프레드는 기존의 방식이나 습관을 고수할지 아니면 새로운 방식이나 습관을 찾아야 할지 선택의 기로에 서 있을 때 유용하다. 포기하고 내려놓는다는 것은 인간관계나 직업 또는 집 안의 물건처럼 구체적인 대상일 수 있다. 이런 것을 정리해야 삶에 필요한 새로운 자극을 받아들일 수 있다. 혹은 삶은 이래야 한다고 믿는 고질적인 생각이나 습관과 같은 추상적인 대상일 수도 있다.

만일 1번이나 2번 자리에 메이저 아르카나가 나온다면 이는 성장에 필요한 심각하고 중요한 사항을 의미한다. 마이너 아르카나가 등장하면 이는 나중에 큰 영향을 미칠 수 있는 사소한 변화를 보여준다. 카드 두 장을 뽑아 나란히 두고 보면서 어떤 감정이나 느낌이 드는지 자세히 들여다보자. 그리고 그때의 생각과 감정을 타로 저널에 기록해 보자.

두 장 스프레드를 마쳤다면 이어서 아래의 질문을 하나씩 던져 보자. 그리고 질문마다 카드 한 장을 뽑아서 질문에 대한 답을 찾아보자.

→ 포기하고 간직하는 삶의 변화 속에서 나는 어떻게 살아야 할까?
→ 포기하고 내려놓지 못할 때 어떤 일이 벌어질까?
→ 포기하고 내려놓고 난 후 나의 삶을 채우고 싶은 것에는 무엇이 있나?

자신의 타고난 재능이나 능력은 무엇이고, 이를 가로막는 장애물은 무엇인지 알아본다 두 장 스프레드

1. 재능과 능력
타고난 재능이나 현재의
능력

2. 장애물
재능이나 능력을 가로막는
것

타로는 타고난 재능을 발견하고 그 재능을 갈고 닦는 데 도움을 줄 수 있다. 이 두 장 스프레드는 타고났지만 미처 발견하지 못한 강점과 이 강점을 발견하지 못하게 만든 장애물을 알아보는 데 도움을 준다.

어떤 카드가 카드 1,2에 나왔는지 살펴보라. 메이저 아르카나는 마이너 아르카나보다 더 중요한 의미가 있다. 소드, 컵, 펜타클, 완드 중 어떤 원소가 나왔는지도 살펴보라. 특정 원소의 카드가 한 장 이상 나왔다면 그 원소가 스프레드의 의미를 지배하고 있는 것이다. 1번 카드를 보며 자기만의 재능이 무엇일까 생각해보고 다시 2번 카드를 보며 이 재능을 방해하고 있는 것이 무엇일까 고민해 보자. 호기심이 이끄는 대로 적극적으로 상상해 보라.

위의 두 장 스프레드를 마쳤다면 이어서 아래의 질문을 하나씩 던져 보자. 그리고 질문마다 카드 한 장을 뽑아서 질문에 대한 답을 찾아보자.

→ 나의 재능이나 능력을 어떻게 더 발전시켜 나갈까?
→ 나의 재능이나 능력을 가로막는 걸림돌을 어떻게 제거할 수 있을까?
→ 나의 재능이나 능력을 지금의 생활 방식과 어떻게 조화시켜 나갈 수 있을까?

강력한 직관이 들려주는
인생의 조언을 들어보자

1. 문제의 본질
현재 상황이나 마음 속 문제,
혹은 인생 전반에 걸쳐
주목해야 할 중요한 사실

2. 새로운 관점, 시각
당장 이해하기는 힘들어도
현 상황을 변화시킬 수 있는
다양한 가능성과 새로운 관점

3. 취해야 할 조치
원하는 결과를 얻기 위해
실행 가능한 조치나 행동

이 세 장 스프레드는 막연한 상황이나 특별한 상황 어디에나 사용할 수 있다. 당장 골치
아픈 일을 해결하는 데 초점을 맞출 수도 있고, 확신이 서지 않을 때 타로를 통해 감을
잡을 수도 있다. 우리는 종종 뻔한 사고방식에 갇힌다. 이 스프레드는 늘 가까이 있었지
만 미처 보지 못했던 성장의 기회를 발견하도록 도와준다.

　　카드 1,2,3을 따로 볼 수도 있지만 카드 세 장을 함께 보면서 이야기를 만들어도
좋다. 카드 1로 시작해 카드 2를 지나서 카드 3에서 끝나는 이야기를 만들 수 있는가?
눈에 띄는 원소가 무엇인지도 주목해야 한다. 각 카드의 이미지나 상징에 집중하면서
자기 내면의 목소리에 귀 기울여 보자. 하루를 보내며 이 스프레드 속 카드의 의미가 무
엇인지 여러모로 생각해보아야 한다. 그리고 자신을 둘러싼 상황이 어떻게 변해가는지
관찰하면서 타로 저널에 그 경험을 기록해 보자.

과거, 현재, 미래의 상황을 들여다보자

1. 과거
현재 상황을 초래한 과거의
영향

2. 현재
현재의 상황

3. 미래
예측되는 결과 또는 영향

고전적인 이 스프레드는 특정한 문제나 주제 상황을 효과적으로 예측하는 탁월한 도구에 해당한다. 예를 들어, 직업이나 경력에 있어 과거의 상황과 현재의 상태는 물론 미래의 방향이나 바람직한 태도를 파악할 수 있다. 이 스프레드는 인간관계나 개인의 성장 혹은 일상생활의 문제 등 다양한 목적으로 활용될 수 있다.

먼저, 과거 상황을 보여주는 카드 1을 보자. 메이저 아르카나인가? 아니면 마이너 아르카나인가? 정방향인가? 역방향인가? 카드 1을 보면 직관적으로 떠오르는 생각이 있는가? 카드 1은 자신이 생각했던 상황과 맞아 떨어지는가? 아니면 미처 생각지도 못했던 부분을 보여주고 있는가? 필요하다면 카드 1을 보고 처음 들었던 생각과 느낌을 타로 저널에 기록해 보자. 다음으로, 카드 2를 보고 카드 1에서 했던 것처럼 살펴보고 타로 저널에 기록해 보자. 카드 3도 마찬가지로 해보자.

마지막으로, 카드 세 장을 함께 살펴보자. 세 장의 카드를 보았을 때 떠오르는 이야기에 집중해 보라. 이야기의 흐름이 자연스러워 보이는가? 이야기의 주제나 메시지가 명확하게 드러나는가? 자신이 느낀 생각과 감정을 타로 저널에 기록하고, 그날 추가로 떠오르는 생각이 있는지 확인해 보자.

자신의 사고, 감정, 영혼의 상태를 들여다보자

세 장 스프레드

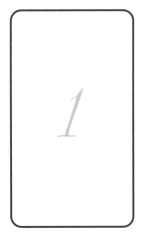  

1. 사고
안정된 생활과 삶의 확신,
그리고 합리적인 생각

2. 감정
속마음에 해당하며,
몸으로 느끼는 감정과
직감을 통한 정보

3. 영혼
내면의 신성한 의지를 담고
있는 정신, 통찰, 직관의
이해와 활용

이 스프레드는 사고, 감정, 영혼이라고 하는 나를 존재하게 하는 세 가지 핵심 요소를 올바르게 이해하고, 중요한 성찰을 이끌어 내도록 도와준다. 사고, 감정, 영혼의 메시지를 자각하고 이를 제대로 이해할 수 있다면 하루하루 자신의 최선의 모습을 경험하고 이를 발휘할 수 있다.

우선 사고(긍정적이거나 부정적인 생각)와 몸이 느끼는 감정(직감, 불안, 흥분, 슬픔 등)의 차이를 구별하는 것이 중요하다. 어떤 문제를 두고 생각이 복잡한 것과 감정적으로 고통스러운 것은 엄연히 다르기 때문이다. 3번 영혼 카드는 우리가 신체적으로 경험하는 감정 상태와 영혼의 신성한 의지나 목적을 연결하는 데 큰 도움을 준다.

각 위치에 놓인 카드를 개별적으로 살펴보자. 카드마다의 이미지, 색채, 원소에 주목하면서 세 장의 카드를 관통하는 이야기를 만들어 보자. 이 스프레드는 외부 세계가 아닌 자기 내면의 풍경을 탐색하면서 자신을 더 잘 이해하도록 도와준다.

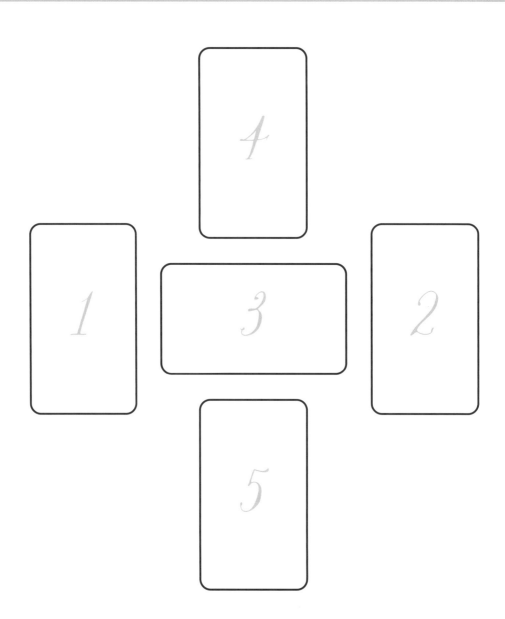

1. 자기 자신
관계 속에서의 나

2. 상대방
혹은 다른 사람
관계 속에서의 상대방

3. 1번과 2번의
연결 관계
나와 상대방을 이어주는
관계의 성격

4. 관계의 강점
관계를 지속시키는 장점
혹은 앞으로 더욱 강화해야
하는 부분

5. 관계의 약점
관계를 약화시키는 약점
혹은 앞으로 고쳐 나가야
할 부분

인간관계 관련 질문은 늘 인기 있는 타로의 주제이다. 연애나 인간관계와 관련된 문제로 타로 리딩을 한다면 잊지 말아야 할 사실이 있다. 우리는 자기 자신의 태도, 행동, 감정만을 통제할 수 있다는 점이다. 다른 사람이나 주변 상황은 통제할 수 없다. 이 스프레드는 현재 자신의 인간관계와 그 관계의 성격에 초점을 맞춰 앞으로 무엇을 버리고 무엇을 간직해 나가야 할지를 명확하게 보여준다. 이 스프레드는 연애나 사랑 뿐 아니라 우정, 가족, 사업 파트너와 관련된 질문을 할 때도 자주 사용된다.

먼저 자신과 상대방을 나타내는 1번 카드와 2번 카드를 보자. 이 둘은 어떤 관계를 유지하고 있을까? 서로에게 도움이 되는가 아니면 서로 상충하는 관계인가? 순간 떠오르는 생각이 있다면 타로 저널에 기록해 보자.

다음으로 두 사람을 연결해 주는 카드 3을 보자. 카드 이미지 속에 두 사람을 엮어주는 어떤 힘이나 특징 혹은 경험 같은 것이 있는가? 카드 3에 두 명의 인물이 나온다면 그들은 어떤 행동을 하고 있는지 자세히 살펴보자. 카드 속 인물과 그들의 행동을 자신의 인간관계에 적용해 볼 때 어떤 관련성이 있는 것 같은가?

마지막으로 카드 4는 관계의 긍정적인 면을, 카드 5는 관계의 부정적인 면을 보여준다. 지금의 관계가 성장하고 발전하려면 4번, 5번 카드를 올바르게 이해해야 한다. 4번 카드는 현재의 인간관계를 유지하는 데 가장 강력한 요소가 무엇인지 보여준다. 4번 카드 속 상징이나 이미지 중에서 현재의 안정된 관계를 반영하는 것은 무엇일까? 5번 카드는 주의를 기울일 필요가 있거나 관계에 있어 치유가 필요한 부분을 보여준다. 5번 카드의 인물과 상징을 눈여겨보고 어떤 점이 문제인지 천천히 생각해보자. 카드 속에 사람이 등장하는가? 어떤 행동을 하고 있는가? 어떻게 하면 5번 카드의 이미지를 현재의 어긋난 관계와 관련해서 생각해 볼 수 있을까?

인간관계에서
긍정적인 잠재력을 이끌어내기

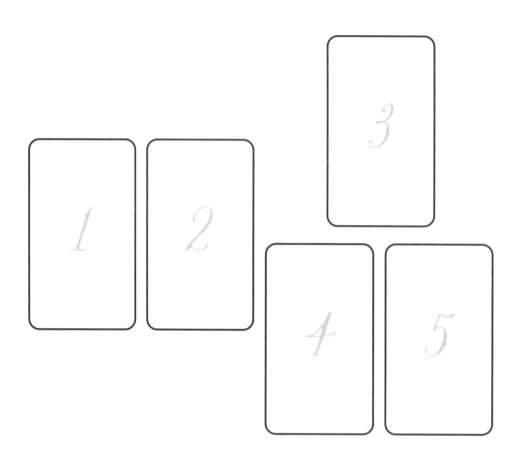

1. 자기 자신
현재의 인간관계 혹은
사랑과 인간관계에서 드러
나는 자신의 태도나 모습

**2. 사랑과
바람직한 나의 모습**
자신이 원하는 관계를
이끌어 내는 데 필요한 요소

3. 내면의 메시지
자신의 내면, 직관이
들려주는 중요한 정보

**4.필요한 행동이나
조치**
원하는 관계를 이끌어
낼 수 있는 행동이나 방법

**5. 포기하고
내려놓아야 할 요소**
지나치게 시간과 노력을
낭비하게 만드는 원인으로
장차 포기하고 내려놓을
필요가 있는 문제

타로는 미래를 예측하는 도구가 아니다. 오히려 원하는 결과를 만들어 내기 위해 자신의 삶에 꼭 필요한 것이 무엇인지 이해하도록 도와주는 도구이다. 이번 스프레드는 새로운 인간관계를 만들어 가는데 도움을 준다. 예를 들어, 사랑하는 연인이 될 수도 있고, 새로 직장을 구하는 문제일 수도 있으며, 아니면 자신과 마음이 통하는 사람들을 만나 서로 교제하는 문제일 수도 있다. 어떤 것이 되었건 이번에 배우는 스프레드는 자신이 원하는 관계를 맺는데 도움을 준다. 그러기 위해서 어떤 면에서 더 성장해야 하고 어떻게 행동해야 하며 무엇을 포기하고 단념할지를 알아야 한다. 이 스프레드는 현재 자신이 처한 상황을 보여주면서 장차 새로운 관계에 필요한 활력을 어디에서 찾아야 할지 가르쳐 준다.

1번과 2번의 카드를 자세히 들여다보며 자신의 현재 상황과 자신이 원하는 관계를 달성하기 위해 필요한 게 무엇인지 알아보자. 이 두 장의 카드를 통해 아직 드러나지 않은 슬픔, 걱정과 두려움 혹은 기대와 열정 같은 미묘한 감정을 알아차릴 수 있다. 3번 카드는 자신의 현재 상황과 관련해 자기 내면에서 들려오는 메시지이다. 1번과 2번 카드를 통해 알게 된 사실을 좀 더 구체적으로 이해할 수 있도록 도와준다. 이 3장의 카드의 의미를 충분히 이해했으면 이제 4번과 5번 카드로 넘어가 보자. 이 카드를 통해 어떤 선택과 행동을 해야 하는지 그리고 무엇을 단념하고 내려놓아야 할지 생각해봐야 한다. 현실을 바꾸고 싶다면 우선 자신의 생각과 태도가 변해야 한다. 어떻게 해야 자신의 의지와 노력으로 자신의 마음과 현실을 바꿀 수 있을지 이리저리 고민해 봐야 한다. 그리고 이런 내용을 타로 저널에 천천히 기록해 보자.

늘 그렇듯이 스프레드의 의미를 이해하려면 자신의 직관적인 해석과 기존의 전통적인 카드 의미를 함께 살펴보아야 한다. 예를 들어, 3번 카드의 의미를 자신의 직관에 따라 해석하면서도 카드의 주제, 색깔, 인물, 상징 등 기존의 해석과 비교해볼 수 있어야 한다. 이들 중 어떤 것이 자신의 해석을 가장 잘 뒷받침하는가? 카드의 그림을 봤을 때 어떤 감정이 드는가? 기존의 카드 해석을 찾아보기 전에 자신의 생각과 느낌을 충분히 펼쳐 보자.

끌어당김의 법칙을
활용해 보자

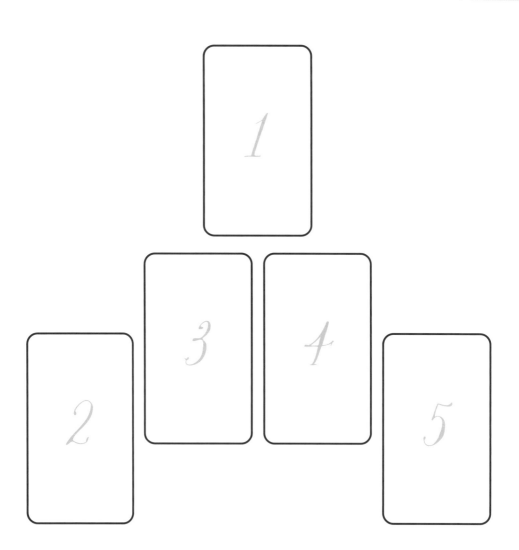

1. 표지 카드
자신이 원하는 것을
상징하는 카드 한 장을
고른다.

2. 나의 현재 에너지
내가 원하는 것과 관련
있는 현재의 진동 에너지

3. 내게 필요한 에너지
자신이 원하는 것과
일치하는 진동 에너지

**4. 나의 현재 에너지와
원하는 것의 에너지
진동수 조율하기**
원하는 것을 끌어오기 위해
필요한 마음가짐이나 행동

**5. 하나의 방법에
집착하지 말고
결과를 받아들여라**
원하는 것이 늘 예상한
방식대로 실현되는 것은
아니다. 원하는 결과를
함부로 속단하지 말고
하나의 방법만 고집하지
않도록 조심하자.

사람은 물론 세상 모든 만물은 특정한 에너지의 주파수에서 진동한다. 어떻게 상황에 대처하고 소통하는지에 따라 자신의 고유한 에너지를 활용할 수 있다. 이 강력한 스프레드를 통해 자신의 에너지 흐름을 파악할 수 있다. 아울러 자신의 고유한 에너지의 진동수를 자신이 원하는 것과 동일한 진동수로 변화시키는 방법을 배울 수 있다. 이 스프레드는 경력, 금전, 사랑, 사회활동, 건강과 행복과 같은 다양한 질문에 활용할 수 있다. 인생에서 자신이 원하는 것은 자신의 에너지 진동수와 맞아야만 자기 것이 될 수 있다.

표지 카드는 자신이 원하는 것을 나타낸다. 우선 표지 카드를 보며 떠오르는 감정과 느낌을 잘 살펴보고 이게 무슨 의미일까 타로 저널에 적어보자. 4번 카드는 2번과 3번 카드를 연결해 준다. 2번, 3번, 4번 카드를 함께 보면서 각 카드의 이미지가 전해 주는 이야기에 주목해 보자. 5번 카드는 자신이 원하는 것에 다가설 수 있는 에너지의 진동을 의미한다. 자신의 직관에 의지해서 다양한 방식으로 자신의 관점과 태도를 확장할 수 있도록 궁리해 보자. 이 스프레드는 현재의 목표에 맞추어 자신의 에너지를 제대로 활용하고 있는지 확인하고 싶을 때면 언제든 활용할 수 있다. 그 과정에서 나름의 변화가 있다면 타로 저널에 이 점을 기록해 둘 필요가 있다.

올바른 선택과
판단을 내려보자

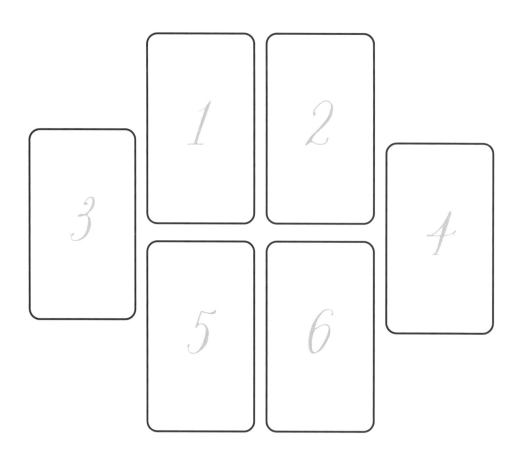

1. 선택지 1
선택지 두 개 중 하나

2. 선택지 2
또 다른 선택지 혹은 어느
선택도 하지 않는 경우

3. 선택지 1의 상황
선택지 1이 보여주는 상황

4. 선택지 2의 상황
선택지 2가 보여주는 상황

5. 두려움
변화를 둘러싼 두려움

6. 행운
올바른 결정을 내렸을 때
찾아오는 행운

우리는 올바른 결정을 내리고 있는지 끊임없이 걱정하고, 그 걱정으로 인해 아무런 행동을 하지 않기도 한다. 이번 스프레드는 이런 선택의 어려움을 극복하여 곤란한 처지에 빠지거나 궁지에 몰리는 일이 없도록 도와준다. 선택하고 결정할 수 있어야 늘 앞으로 나아갈 수 있다. 어떤 결정도 하지 않는 것만큼 나쁜 선택은 없다.

　　1번과 2번 카드를 보며 떠오르는 생각과 느낌을 타로 저널에 기록해 보자. 이 두 카드는 대부분 상징적이어서 선택지 자체가 무엇을 의미하는지 자세히 들여다볼 필요가 있다. 다시 말해, 다양한 카드 중에 왜 이 두 카드가 뽑혔는지 그리고 이 두 장의 카드가 내게 전하고 싶은 메시지가 무엇인지를 이해해야 한다. 카드 속 어떤 이미지가 가장 눈에 띄는가? 혹시 이전에 생각해 본 적이 없다 해도 이런 이미지들이 1번과 2번 선택지의 의미를 좀 더 선명하게 보여주는 건 아닌가?

　　다음으로, 1번과 2번 카드와 관련해서 3번과 4번 카드의 메시지를 자세히 들여다보자. 앞서 1번과 2번의 카드는 각각의 선택지만 보여준다. 하지만 3번 카드는 1번을 선택하게 된 전후 사정을, 그리고 4번 카드는 1번을 선택하지 못하고 망설이며 주저했던 이유나 원인을 나타낸다. 1번과 2번 카드 중에 어떤 선택이 더 나은 것 같은가? 3번과 4번 카드 속 이미지를 비교하며 어떤 선택이 더 나을까 스스로 판단해 보자.

　　1번과 2번 카드의 선택지는 동전의 양면과도 같다. 그래서 5번 카드를 볼 때 순간 마음속에서 떠오르는 두려움이나 불안은 두 개의 선택지 모두에 적용된다. 이제 6번 카드를 보자. 어떤 결정을 내리고 나서 찾아드는 행운이나 안도감을 이해할 수 있을 것이다. 천천히 자기만의 직관을 따라가다 보면 결국 올바른 결정을 내릴 수 있다.

켈틱 크로스 Celtic Cross 로
모든 문제를 해결해보자

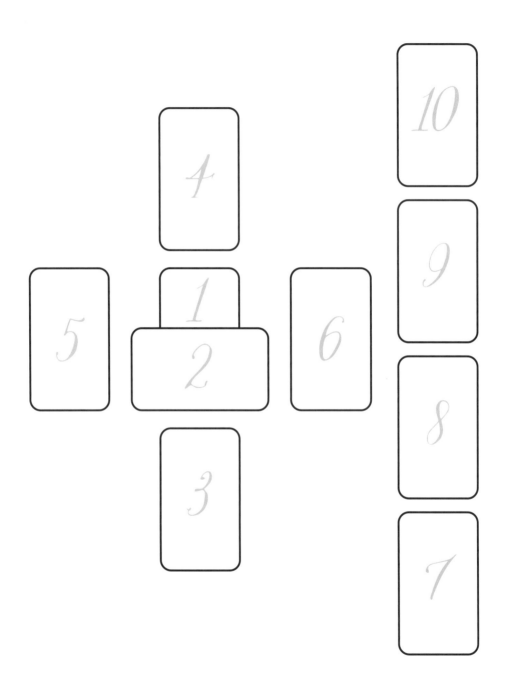

1. 현재 상황

질문자의 현재 상황이나 문제

2. 방해되는 것

현재 상황을 호전시키거나
악화시키는 반대 상황 혹은
문제의 이면

**3. 먼 과거의 원인이나
무의식**

현재 상황에 영향을 주었던 먼
과거의 사건이나 내면의 마음

**4. 현재의 의지나 기대
혹은 목표**

현재 상황을 바라보는
관점이나 안목 혹은 태도

5. 가까운 과거 상황

현재 상황에 영향을 주는
가까운 과거나 과거의 상황

6. 가까운 미래 상황

곧 마주하게 될 가까운 미래나
미래의 상황

**7. 질문자가 느끼는 현재의
감정이나 마음 상태**

현재 상황에 대한 질문자의
감정이나 마음 상태

**8. 주변 사람이 느끼는
현재의 감정이나 마음 상태**

질문자에 대해 주변 사람들이
느끼는 감정이나 반응 혹은 태도

**9. 질문자의 희망이나
두려움**

현재 상황과 관련해서
질문자가 느끼는 희망이나
불안(9번 카드가 희망이나 불안
중에 어느 것을 나타내는지
구별해보라.)

10. 예상되는 결과

현재 상황이 어떻게 전개될
지에 대한 예상 결과

켈틱 크로스는 가장 많이 사용되는 스프레드이다. 이 스프레드는 자신의 내면세계와
외부 현실을 다루면서 질문자를 과거와 현재 그리고 긍정적인 결과를 기대하며 미래라
는 시간으로 인도해 준다. 켈틱 크로스는 과거의 생각과 태도로 인해 빚어진 현재의 상
황과 미지에 대한 불안과 두려움, 그리고 다른 사람들이 자신의 선택과 결정에 어떻게
영향을 주는지를 두루 살펴보는 스프레드이다. 켈틱 크로스를 쉽게 이해하려면 이 스
프레드를 크게 두 부분으로 나눠서 보는 게 좋다. 이를 통해 자신이 마음대로 할 수 없
는 상황과 자신의 생각과 감정, 그리고 자신에게 부족한 것을 파악할 수 있다.

켈틱 크로스 (앞장과 이어짐)

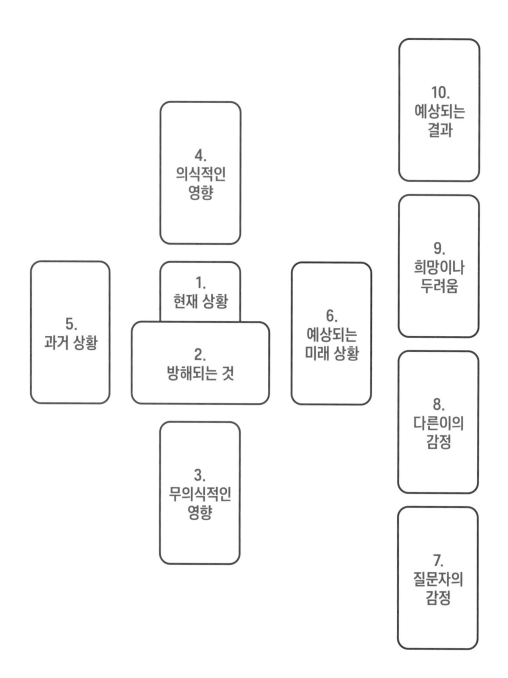

먼저 십자가 모양으로 놓인 카드를 보자. 1번과 2번 카드는 서로 교차하면서 긴장감을 조성한다. 3번에서 6번 카드는 이 긴장감의 원인과 결과를 두고 다양한 이야기를 들려준다. 3번 카드는 오래된 생각의 습관을 그리고 4번 카드는 문제 해결과 관련한 희망과 기대 내지는 목표를 보여준다. 5번과 6번 카드는 현재 상황을 초래한 가까운 과거의 사건이나 생각을, 6번 카드는 조만간 마주할 미래의 상황을 나타낸다.

7번에서 10번 카드는 예상되는 결과를 향해 올라가야 하는 사다리로 볼 수 있다. 7번 카드는 현재 상황을 두고 자신이 느끼는 감정과 마음 상태를 그리고 8번 카드는 다른 사람들과의 관계가 이 상황에 어떤 영향을 주는지 보여준다. 9번 카드에서 질문자는 자신의 희망 혹은 불안과 마주하게 되고 이를 발판삼아 10번 카드로 올라서게 된다. 9번 카드의 의미가 희망인지 두려움인지 혹은 그 모두를 보여주는지 판단하기 어렵다면 천천히 9번 카드의 이미지나 상징 혹은 인물을 보며 마음에 떠오르는 생각에 집중해 보자. 마지막으로 이 스프레드를 통해 예상되는 결과를 알아볼 수 있다. 하지만 원한다면 우리 스스로 그 결과를 바꿀 수 있다는 사실을 명심해야 한다. 정해진 미래는 없기 때문이다.

이 스프레드를 해석하면서 중요한 내용을 타로 저널에 기록해 보자. 아래 소개하는 질문들은 타로 저널을 작성하는 데 좋은 길잡이가 될 것이다.

→ 내가 가장 기대하는 결과는 무엇일까?

→ 예전 일들 중에서 현재 마음에 가장 걸리는 사건은 무엇인가?

→ 다른 사람들은 내게 주로 어떤 방식으로 영향을 주는가? 그들의 태도나 감정 혹은 반응이나 선입견처럼 나는 어떤 것에 자주 영향을 받을까?

→ 내가 느끼는 불안이나 두려움은 무엇이고, 이로 인해 내가 원하는 것을 달성하는 데 어떤 피해가 있는가?

→ 내가 바라는 것을 얻으려면 나는 과거의 어떤 기억과 습관으로부터 벗어나야 할까?

→ 이 스프레드를 통해 내가 새로 배운 것은 무엇인가?

나만의 스프레드 만들기

타로 리딩을 하면서 가장 즐거운 부분은 바로 자신만의 스프레드를 만들 수 있다는 것이다. 의도가 명확하고 목표가 확실하다면 누구나 효과적으로 자신만의 스프레드를 제작할 수 있다. 질문과 스프레드의 조합은 무궁무진하다.

기본 구성은 자신의 스프레드의 의미를 선명하게 보여줄 수 있는 주제로 시작하면 된다. 자신의 스프레드로 무엇을 하고 싶은지 궁리해 보자. 미처 몰랐던 사실을 드러내는 스프레드인지, 아니면 조언하고 안내하는 스프레드인지 혹은 생각과 현실의 연관성을 드러내는 스프레드인지를 말이다. 그런 다음 이 스프레드로 누구를 그리고 무엇을 탐구해 볼 건지 생각해보라. 현재 상황과 주제를 다룰 것인지, 아니면 오로지 마음과 감정의 문제에만 집중할 건지, 혹은 두 사람 간의 문제를 다룰 건지 결정한다.

그리고 호기심이 이끄는 대로 이리저리 궁리해 보자. 자신이 선택한 주제에서 과연 무엇을 배우고 싶은 걸까? 그 주제를 떠올리면 가장 먼저 떠오르는 생각은 무엇인가? 그리고 이 주제를 갖고 이제 무엇을 해야 할지를 마음속에서 천천히 고민해 보자. 가급적 질문자가 선택을 내리고 행동에 옮길 수 있도록 생산적인 질문과 관련한 스프레드를 만들어 보자. 언제, 어떻게 원하는 일이 벌어지는 지와 같은 수동적인 스프레드는 좋지 않다. 예를 들어 '언제 월급이나 연봉이 오를까요?'라는 질문보다는 '수입을 늘리려면 어떤 노력을 해야 할까요?'라는 질문에 답을 주는 스프레드가 좋다.

스프레드 기본구성

1	2	3
주제	직감	우주의 메세지

THE FOOL.

THE MAGICIAN.

THE HIGH PRIESTESS

THE EMPRESS.

THE EMPEROR.

THE HIEROPHANT.

THE LOVERS.

THE CHARIOT.

STRENGTH.

THE HERMIT.

WHEEL of FORTUNE.

JUSTICE .

THE HANGED MAN.

DEATH.

TEMPERANCE.

THE DEVIL.

THE TOWER.

THE STAR.

THE MOON.

THE SUN.

JUDGMENT.

THE WORLD.

제 4 장

메이저 아르카나

메이저 아르카나는 22장의 트럼프 카드Trump Cards
로 구성되며 마이너 아르카나보다 더 중요한 의미를
갖는다. 메이저 아르카나는 바보의 여정을 생생하게
보여준다. 0번 바보 카드에서 시작하는 이 여정은
21번 세계 카드에서 막을 내린다.
메이저 아르카나는 개인이나 집단의 삶에 영향을 주는
중요한 사건과 가르침을 보여준다.
이 장에서는 거의 모든 타로 덱에 등장하는 메이저
아르카나 카드의 의미를 소개한다. 또한 각 카드에
대응하는 수비학과 점성술, 즉 12개의 별자리와
10개의 행성도 소개한다.

0 ✳ 바보

바보는 새로운 여행을 시작한다.
바보는 과거의 경험에서 얻은 교훈과
새로운 시작에 대한 호기심만으로
길을 떠난다.

타로 카드는 앞서 등장하는 카드들의 특징을 모두 담고 있다. 바보 카드의 '0'이라는 번호는 모든 것에 열려 있다는 가능성은 물론 그 반대의 의미도 동시에 내포한다. 바보는 메이저 아르카나의 마지막 카드를 향해 앞으로 전진한다. 각 카드에 담긴 인생의 교훈과 수많은 사건을 헤쳐나가며 경험하고 성장하여 성숙한 존재로 거듭난다. 바보의 여정은 다름 아닌 의식의 성장을 의미한다. 바보 카드에는 꽃무늬로 장식된 튜닉을 입고 밝고 노란 하늘을 바라보고 있는 젊은 청년이 보인다. 태양은 그의 등 뒤에서 밝게 빛나고 있다. 그는 아슬아슬한 절벽 끝에 서 있지만 기쁨에 가득차 이를 알아채지 못한다. 한 손에는 봇짐을, 다른 손에는 흰 장미를 들고 있는 바보는 순진한 나머지 삶의 고단함 같은 것은 모른다. 바보는 팔을 앞으로 뻗으며 그 앞에 닥칠 어떠한 위험도 감내할 준비가 되어 있다. 그리고 실패를 두려워하지 않으며 새로운 가능성에 마음을 열고 있다. 작은 개는 앞에 놓인 절벽을 조심하라고 경고라도 하듯 바보의 옆에서 껑충거리며 뛰고 있다. 이는 삶의 행로를 따라가며 의식이 펼쳐지는 과정을 의미한다. 다시 말해 성장하기 위해 삶의 도전을 받아들이는 바보의 의지를 상징한다.

정방향 키워드
새로운 시작, 자유, 파격

역방향 키워드
인생 경험과 판단력의 부족, 변화에 대한 두려움

수비학
0(무한을 담을 수 있는 텅 빈 그릇)

12별자리와 10행성
천왕성(급격한 변화, 자유)

일반적 의미

바로 이 곳에서 삶의 모험이 시작된다. 바보는 그 길이 어디로 향할지 모른다 해도 자신이 옳은 길을 가고 있음을 알고 있다. 기꺼이 위험을 감수하라. 크게 도약하려면 늘 위험이 따르기 마련이다. 설령 실패한다 해도 이는 바보의 모험에 없어서는 안 되는 소중한 삶의 교훈이 되어 줄 것이다. 언제나 바보를 따라다니는 작은 개처럼, 여러분의 직관은 언제나 당신의 편이되어 줄 것이다. 의식이 성장하는 과정에서 늘 직관이 이끄는 대로 따라가고 직관이 알려주는 메시지에 주목하자.

사랑/연애

자신을 행운에 맡긴 채 과감하게 사랑에 나서자. 지금의 인연 중에서 새로운 만남을 시작할 수 있는 여지도 있다. 지나간 과거는 잊어버리고 자신의 직관에 따라 행동하라. 절대 늦지 않았으니 다시 사랑을 시작할 수 있다.

직업/금전

위험을 감수하고 새로운 일에 도전하라. 모든 일이 순조롭게 진행되지 않을 수도 있다. 하지만 대담하게 행동할 때만 다음 단계로 올라설 수 있다. 마음이 이끄는 대로 행동한다면 초심자의 행운을 충분히 누릴 수 있다.

정서/심리

믿음에는 용기가 필요하다. 세상이 모두 내 편이라는 생각을 믿어야 한다. 미지의 것을 두려워하지 말라. 장차 마주할 삶의 경험과 교훈이야말로 평범한 생각에서 벗어나 삶이 선물하는 다양한 기회로 이끌어 갈 것이다. 이런 식으로 우리는 사적이며 영적인 성장을 경험하게 되는 법이다.

역방향

지금은 위험을 감수하거나 섣불리 행동할 때가 아니다. 변화를 두려워하거나 습관이나 타성에서 헤어나지 못하고 있는 상황이다. 바보 카드의 역방향은 경험의 부족을 의미한다. 그러니 우선 구체적인 계획을 세우고나서 행동으로 옮겨야 한다.

저널쓰기 ········

→ 자신의 직관을 믿고 마음가는대로 생각하고 행동해야 할 순간이나 시절은 언제일까?

1 ✴ 마법사

마법사는 4원소의 힘을 간직하고
있다. 흙, 공기, 불, 물로 이루어진
4원소는 마법사의 신성한 능력을
보여준다. 마법사는 4원소의 신성한
힘을 능숙하게 다루면서 현실에서
무한한 창조력을 발휘한다.

....

이제 막 미지의 세계를 여행하기 시작한
바보는 마법사를 만난다. 그리고 자신이
꿈꾸는 현실을 창조할 수 있는 힘이 자신
안에 있음을 깨닫는다. 긴 가운을 입은 마
법사가 한 손은 지팡이를 들어 하늘을 가
리키고 다른 손은 손가락으로 땅을 가리
킨다. 마법사의 자세와 무한대 기호는 마
법사가 하늘과 땅, 즉 영적 세계와 물질
세계를 연결하고 있는 존재임을 보여준다.
탁자 위에는 4원소로 이루어진 네 개의 슈
트, 완드(불), 펜타클(흙), 소드(공기), 그리고
컵(물)이 놓여 있다. 이는 바로 바보의 봇짐
안에 있던 물건들이다. 마법사는 4원소의
도움으로 신비한 능력을 발휘하며 영적인
힘을 실현하는 존재다. 다시 말해 그는 형
체 없는 의지나 계획을 현실의 구체적인
결과로 변모시킬 수 있다. 꽃과 초목은 마
법사가 자연과 연결되어 있음을 의미하며,
순수함(흰색의 백합)과 열정(붉은색의 장미)은
창조 과정에 필수적인 요소를 보여준다.
신성과 함께 하면 불가능은 없다.

정방향 키워드
능력의 실현, 창조자, 영감에 따른 행동

역방향 키워드
개인의 무능력과 비효율, 조작, 조종

수비학
1(시작, 개인)

12별자리와 10행성
수성(메시지, 소통)

일반적 의미

마법사는 바로 여러분 자신이다. 창조에 필요한 4원소의 능력은 이미 여러분 손안에 있다. 확고한 의지와 열정만 있다면 신성한 힘을 발휘하여 자신의 꿈을 현실로 만들어 낼 수 있다. 마법사 카드는 여러분 자신이 위대한 존재라는 사실을 일깨워 준다. 영감이 떠오르면 바로 행동으로 옮겨라. 그리고 4원소로 상징되는 '사고', '감정', '직관', '감각' 사이의 균형을 맞추는 데 집중하라. 자신이 꿈꾸고 바라는 대로 행동한다면 자기만의 세상을 창조할 수 있다.

사랑/연애

멋진 새로운 만남을 기대해도 좋다. 혹은 현재의 연인이나 배우자 사이에서 다시금 새로운 열정이 솟아나고 있다. 자신이 처한 상황이 어떻든 간에 자신이 원하는 관계를 만들어 나갈 수 있다. 하지만 자신이 꿈꾸는 관계가 가능하려면 열정(불)은 현실(흙)과 조화를 이뤄야 하고, 감정(물)은 사고(공기)와 조화를 이루어야 한다는 사실을 명심하라.

직업/금전

타고난 재능과 기술을 모두 발휘해서 새로운 기회를 만들어낼 수 있다. 그 결과 정신적으로 여유 있고, 금전적으로 풍요로울

뿐 아니라 직관적으로 정확한 판단과 행동으로 목표에 다가설 수 있는 상황이다. 오랫동안 자기만의 사업을 구상하고 있었다면 지금이 바로 적기다. 임금 협상이나 계약을 체결하게 된다면 자신감을 갖고 당당하게 임하자.

정서/심리

자연과 소통하며 영혼을 돌본다면 자신의 능력을 충분히 발휘하게 될 것이다. 마법사 카드는 영적인 수행이 더욱 깊어져 신성한 힘의 도움으로 자신이 바라는 현실에 더 가까이 다가갈 수 있다는 의미이다.

역방향

자신의 힘을 남용하거나 현실을 조작하며 자기 멋대로 상황을 통제하고 있는 상황이다. 혹은 현실을 창조하고 실현할 수 있는 능력을 스스로 의심하거나 자신의 중요한 능력을 전혀 발휘하지 못하고 있는지도 모른다. 지금은 자신의 타고난 능력과 재능을 발휘할 때이다. 문이 열리지 않아도 다른 곳에 더 나은 문이 있을 수 있다. 그게 아니더라도 안으로 들어갈 수 있는 방법은 또 있을 것이다. 꽉 막혀 답답한 느낌이 든다면 다른 곳으로 시선을 돌려보자.

저널쓰기 ••••••••••••••••••••••••••••

→ 살아오면서 마법사 같은 능력을 발휘해 본 적이 있는가?
 어떻게 하면 마법사처럼 행동할 수 있을까?

THE HIGH PRIESTESS
© 1971, 2019 USGAMES

정방향 키워드
직관, 자각, 자기이해

역방향 키워드
직관을 통한 소통의 단절, 내면을
응시하지 않는 태도

수비학
2(이원성, 균형, 조화)

12별자리와 10행성
달(감정, 직관, 여성성)

2 ✳ 고위 여사제

고위 여사제는 밤하늘의 달처럼
어둠을 들여다보고 감춰져 있는 것에
빛을 비춘다. 이는 우리가 알아야 할
모든 것이 이미 우리 안에 있다는
사실을 말해 준다.

고위 여사제는 빛(의식)과 어둠(무의식)을 상
징하는 두 기둥 사이에 앉아 있다. 이는 서
로 상충하는 이원성 안에 자연스레 자리
잡은 균형과 조화를 의미한다. 그녀의 머
리 장식은 초승달, 보름달, 그믐달로 이어
지는 달의 변화주기를 연상시키며, 처녀에
서 어머니로, 그리고 지혜어린 노파로 변모
해가는 여성의 일생을 떠올리게 한다. 가
슴 위로 십자가가 보이고, 한 손에는 유대
교의 율법서인 토라가 들려 있는데, 이런
상징은 타로 카드가 제작되었던 당대의 신
앙을 반영할 뿐 아니라, 깨달음을 향한 그
녀만의 조용한 헌신을 보여준다. 등 뒤로
길게 늘어진 천에는 풍요와 여성성을 상징
하는 석류 그림이 보인다. 하지만 이 화려
한 천에 가려 감정을 나타내는 물길은 잘
보이지 않는다. 그녀의 발치에 있는 초승달
은 고위 여사제가 고요한 직관과 달의 신
비한 마력과 관련된 존재라는 점을 상징한
다. 그녀는 물을 등지고 앉아 있으며 굳이
물을 바라볼 필요가 없다. 물이 상징하는
감정과 내면적으로 이미 밀접하게 연결되
어 있기 때문이다.

일반적 의미

삶의 심오한 의미는 오직 마음 속 깊은 곳에서만 발견할 수 있다. 자신의 내면을 바라볼 때만 자신의 직관을 활용할 수 있고, 한층 더 차원 높은 자신의 모습과 만날 수 있다. 고위 여사제 카드는 삶의 해답을 찾기 위해서는 매 순간 생각을 비우고 자신의 마음을 들여다보라고 권한다. 자신의 마음속에 이미 답이 있다!

사랑/연애

직관에 귀 기울이고 자신의 느낌을 믿어야 한다. 연애나 사랑을 원한다면 자신의 솔직한 감정이 이끄는 대로 행동해야 한다. 연인이나 배우자와의 관계에서 가장 먼저 떠오르는 솔직한 감정은 무엇인가? 사랑, 연애, 우정, 그 어느 경우라도 지나치게 따지거나 분석하지 말고 솔직하게 감정이 이끄는 대로 행동하라.

직업/금전

금전이나 사업상의 결정을 내려야 할 때 한없이 따지고 분석하지 말고 자신의 직관을 솔직하게 따라야 한다. 다른 사람들의 생각이나 말에 좌우되지 말고 마음 속 자신의 감정과 느낌을 따라야만 올바른 선택을 할 수 있다.

정서/심리

자신의 마음 속 깊은 곳을 들여다볼 수 있어야 깨달음에 더 가까이 다가설 수 있다. 자신만의 고유한 직관을 개발해야 하는 이유가 바로 여기에 있다. 처음에는 혼란스럽겠지만 철저하게 자신을 믿고 직관에 따라 행동해 보자.

역방향

자신의 직관이나 내면세계와 소통하지 못하고 있다. 자신의 생각보다는 다른 사람들의 의견에 지나치게 의존하고, 그에 좌지우지 되고 있는 상황이다. 과정은 불편하겠지만 답을 찾고 싶다면 마음의 소리에 귀 기울여야 한다.

저널쓰기

→ 자신의 마음 깊은 곳에서 새롭게 발견하고 발전시켜야 할 삶의 의미나 태도 혹은 가능성은 무엇일까?

3 ✴ 여황제

여황제는 여성의 신성한 능력을 상징한다. 그녀는 자연을 대변하며, 거룩한 사랑과 희생을 의미하는 신성한 잔(sacred vessel)을 상징한다. 이를 통해 여황제는 사랑으로 충만한 삶을 가꾸어 낸다.

여황제는 울창한 숲 속의 푹신한 소파에 앉아 있다. 그녀 쪽으로 흐르는 강은 그녀가 자연과 연결되어 있음을 암시한다. 옆으로는 금성의 기호가 새겨진 하트가 장식되어 있다. 이는 여황제가 모든 형태의 사랑과 아름다움을 수용하고 있다는 의미이다. 석류가 그려진 풍성한 드레스는 열정, 다산, 그리고 창조력을 상징한다. 그녀는 머리에 왕관을 쓰고 있는데, 거기에는 황도 12궁을 나타내는 별이 새겨져 있다. 여황제가 들고 있는 홀(笏)과 여유로운 자세는 그녀만의 포용력과 관능적인 자신감을 돋보이게 한다.

정방향 키워드
사랑의 수용, 창조력

역방향 키워드
단절, 창조력의 장애

수비학
3(창조력, 성장, 발전과 확장)

12별자리와 10행성
금성(사랑, 아름다움, 돈, 창조력)

일반적 의미

여황제는 행동을 개시하기보다는 오히려 행동을 수용하는 강력한 능력을 발산한다. 이제 막 태동하는 감정이나 생각 혹은 행동이나 사건을 천천히 기다리며, 이를 재촉하거나 강요하는 법이 없다. 여황제는 느긋하게 기다릴 줄 안다. 자신의 열정과 창조력이야말로 자신이 원하는 것을 모두 가져올 수 있는 강력한 원동력이라고 믿기 때문이다.

사랑/연애

사랑이 찾아온다면 이를 기꺼이 받아들여라. 그리고 내가 나 자신을 먼저 사랑해야만 이상적인 연인을 만날 수 있다는 점을 이해하라. 여황제 카드가 나오면 임신을 기대할 수 있는 비옥한 시간을 의미하기도 한다. 조만간 자연스럽게 그것도 당신이 원하는 때에 새로운 연인이 등장하게 된다.

직업/금전

예상치 못한 곳에서 돈이 들어오거나 직장을 구하면서 삶이 훨씬 더 풍요로워질 수 있다. 하지만 여황제 카드는 견디고 받아들이는 수용력을 상징한다. 매사를 무리하게 밀어붙이지 않도록 조심하라. 늘 인내심이 필요하다.

정서/심리

자기 자신을 사랑하고 좀 더 창의적인 활동에 참여하라. 창의성, 사랑, 자기애라는 금성의 에너지를 발휘하며 자연과 함께 시간을 보낸다면 영적 수행에 있어 사랑의 신비를 경험하게 될 수 있다. 실제로 집 밖으로 나가서 자연을 체험하는 게 좋다.

역방향

자기 자신을 사랑하지 못하거나 타인의 사랑과 보살핌을 받지 못하는 상황에 있다. 아니면 창의력이 막혀 있거나 칭찬이나 애정, 그 외의 어떤 긍정적인 반응을 경험하지 못하고 있을 수도 있다. 또는 임신이 어렵거나, 애정 관계에 문제가 생기거나, 조바심에 억지로 상황을 통제하고 있다는 의미이기도 하다. 어쩌면 결과에 집착한 나머지 지나치게 남성적 에너지에 의존하고 있는 상황을 암시하기도 한다. 지금은 당연 여성적 에너지에 집중해야 할 때이다. 자연과 다시 연결되기 위해 어떻게 해야 할까? 생각해 보면 모든 일에는 다 때가 있음을 알게 될 것이다.

저널쓰기

→ 여황제다운 능력이 있다면 이 세상에서 내가 창조하고 가꿔나가야할 것은 무엇일까?

4 ✳ 황제

황제는 통치자의 예복 안에 갑옷을
갖춰 입고 육중한 왕좌에 앉아있다.
그는 전혀 흔들림이 없어 보이며
언제든 행동에 나설 준비가 되어 있다.

⋯⋯⋯⋯⋯⋯⋯⋯⋯⋯⋯⋯⋯⋯⋯

황제는 남성의 신성한 능력과 활동력을
의미한다. 황제는 숫양의 머리로 장식된
견고한 왕좌에 앉아 있는데, 이는 안정적
이며 12별자리 중 양자리와 연결되어 있
음을 보여준다. 황제의 뒤로는 황량한 풍
경이 펼쳐지지만 그 곳에는 감정과 직관
을 상징하는 물줄기가 흘러, 황제는 언제
든지 자신의 직관에 따라 행동에 나서는
존재임을 말해 준다. 황제는 왕관을 쓰고
보주(원형의 구슬)와 홀을 든 모습으로 자
신의 권위와 권능을 보여준다. 예복 안에
는 갑옷을 입고 있어 언제든 전투에 뛰어
들 준비가 되어 있다. 카드의 색을 유심히
보라. 빨강과 주황은 물질세계에서의 권
력과 권위, 그리고 황제의 일방적인 성격
을 나타낸다.

정방향 키워드
직관에 따른 정확한 행동, 개인의 능력,
힘, 권력, 영향력

역방향 키워드
행동할 수 없는 무능력, 수동적이고
자기방어적인 태도

수비학
4(안정, 구조)

12별자리와 10행성
양자리(개성, 개인적인 능력)

일반적 의미

황제 카드의 성스러운 남성 에너지와 연결되면, 두려워서 반응하는 게 아니라 능력을 갖춰 올바르게 행동할 줄 알게 된다. 이를 위해서는 남성적 활력을 건전하게 활용할 줄 알아야 하고 그 경계가 어디인지도 분명히 파악해야 한다. 마음에서 우러나오는 권위가 있어야만 자신만이 아닌 공공의 선을 위해 자신의 야망과 추진력 등의 능력을 충분히 발휘하게 된다.

사랑/연애

일단 행동에 옮기자. 그것도 대담하게. 그리고 자신의 열정에 주목하자. 애정 문제에서 생각보다 더 주도적으로 능력을 발휘할 수 있다. 하지만 자신이 너무 독단적으로 행동하거나 혹은 정반대로 상대방에게 너무 끌려 다니는 것 같다면 적절한 균형을 맞추어야 한다. 직관에 주목한다면 당신에게 삶의 어느 지점에서 얼마만큼의 남성 에너지가 필요한 지 알려줄 것이다.

직업/금전

목표를 위해 어느 순간에 올바르게 행동할지 고민하고 있었다면 지금이야말로 행동에 나설 때이다. 직업이나 경력에 관한 문제라면 자신감 있게 자신의 입장을 펼쳐야만 유리할 수 있다. 망설이지 말고 나의 요구를 관철하자.

정서/심리

활동적인 남성 에너지를 발휘하려면 무엇보다 자신의 권한을 충분히 인정할 수 있어야 한다. 그 권한을 타인에게 양보하거나 자신이 아닌 타인의 의견만을 중시해서는 안 된다. 자신의 재량을 더욱 확대하여 삶의 주도권을 잡아야 한다.

역방향

개인적으로 무력하고 행동에 나서지 못하는 상황을 의미한다. 누구나 대담하고 자신감 있는 남성 에너지를 갖고 있다. 이 남성 에너시를 발휘하여 문제의 상황을 장악해야 한다. 한편 역방향 황제 카드는 남성 에너지를 지나치게 남용하거나 자기 방어에 급급하고 두려움이나 분노에 휩싸인 나머지 특정 상황에 미성숙하게 대응하고 있다는 의미이기도 하다.

저널쓰기 ••••••••••••

→ 여러분은 황제와 닮은 점이 있는가? 그렇다면 언제, 어디서, 그리고 어떻게 자신의 고유한 남성 에너지를 제대로 사용해야 할까?

5 ✳ 교황

교황은 성좌에 앉아 성실한 사제들에게 자신의 신성한 지식을 전달해 준다. 교황은 영적으로 천상과 지상을 이어주는 가교 역할을 한다.

'교황'은 거룩한 신비나 비의를 해석하는 자이며, 교황 카드는 지속적으로 지식을 탐구하는 것을 의미한다. 고위 여사제와 마찬가지로 교황 또한 영적인 소통을 지속한다. 다만, 고위 여사제는 직관을 통해 지식을 전달하는 반면, 교황은 전통을 고수하고 의식에 참여하며 과거부터 전해져 온 지식을 전달한다. 교황은 전통적인 종교 예복을 입고 성좌에 앉아 앞에 앉은 두 사제에게 영적 가르침을 전수하고 있다. 종교적 상징들, 즉 열쇠, 지휘봉, 손의 위치나 십자가 등은 그가 영적인 전통에 헌신하는 순수한 존재라는 점을 보여준다. 단호한 신념으로 엄격한 원칙에 따라 사는 교황은 전통에 근거한 지식을 탐구할 때 그 누구보다 행복하다.

정방향 키워드
스승, 전통, 관습

역방향 키워드
융통성 없는 신념, 새로운 것을 배우지 않으려는 타성

수비학
5(갈등, 투쟁, 시련)

12별자리와 10행성
황소자리(전통, 견고한 현실, 엄격함)

일반적 의미

배움의 길은 끝이 없다. 마음을 열고 새로운 지식을 추구해야만 한다. 전통을 존중하면서도 자기만의 독창적인 신념과 습관을 마련해야 한다. 그렇게 배울 준비가 되었다면 자기 주변에 새로운 스승이 있는 건 아닌지 눈여겨보자. 어쩌면 내가 다른 누군가의 스승이 되어 자신의 지혜를 다른 이들에게 전해줄 수도 있다.

사랑/연애

낭만적인 사랑과 이상적인 배우자에 대한 믿음은 결혼이라는 제도 안에서 더 확고해질 수 있다. 교황 카드가 나오면 사랑에 관한 한 전통적인 입장을 고수한다는 의미이다. 한편 이 카드는 낭만적인 연애나 사랑의 가능성을 시사하는 데, 이 경우 서로 가르치고 배우는 스승과 제자의 관계를 이상적인 연인으로 보고 있거나, 서로 끊임없이 배우면서 사랑이 싹트는 관계를 의미한다.

직업/금전

전통적으로 인정받는 직업이나 경력을 유지해 나가는 것이 유리하다. 그에 따라 성공의 사다리를 한 걸음씩 밟아 나가는 게 좋다. 가르치는 직업으로 돈을 벌거나, 학업을 이어가도 좋고, 현재의 업무에 도움이 될 만한 공부를 새로 하는 것도 추천한다.

정서/심리

영적 지식을 바탕으로 심신을 회복하고 치유하는 방법이나 과정을 터득한다면 자신의 영적 세계를 깊이 개발할 수 있다. 마음 치유의 기법이나 영적 상담을 가르칠 수도 있다. 마음을 열고, 다양한 모습으로 자신의 삶에 들어서는 스승을 알아보고 받아들이자.

역방향

성장의 기회나 공부의 기회를 회피하거나 길이 가로막혀 있는 상황이다. 혹은 융통성 없는 신념으로 인해 대안이 될 만한 정보를 받아들이려 하지 않고, 새로운 지식을 배우려 하지도 않고 있다. 마음을 열고 나와 다른 생각과 견해를 존중할 수 있어야 한다.

저널쓰기 ••••••••••••••••••••

→ 여러분이 진심으로 배우고 싶은 것은 무엇인가? 그리고 그럴 준비는 되어 있는가?

6 ✳ 연인

한 쌍의 연인이 여성성과
남성성의 균형을 이루며 아무 것도
숨기지 않은 채 사이좋게 서 있다.
이들이 내리는 모든 선택에는 그게
무엇이든 사랑이 깃들어 있다.

⋯⋯⋯⋯⋯⋯⋯⋯⋯⋯⋯⋯⋯⋯⋯⋯

연인 카드는 가장 행복하고 건강하며, 최
고의 모습으로 거듭날 수 있는 관계를 상
징한다. 여자와 남자는 정원 속 선악과
와 생명나무 사이에 나체로 서 있다. 뱀
은 세속적 쾌락에 빠지려는 충동을 상징
하며, 천사는 이들이 순간의 쾌락에 굴복
하지 않고 신성한 사랑을 선택하도록 이
끌어 준다. 쾌락을 향한 욕망은 유혹과 신
뢰 사이에서 균형을 유지하는 법이다. 유
혹과 신뢰는 모두 조화로운 관계 안에서
자라난다.

정방향 키워드
관계, 조화, 감정적 유대, 협력

역방향 키워드
부조화, 불균형

수비학
6(조화, 상호의존, 거울 이미지)

12별자리와 10행성
쌍둥이자리(이원성, 소통, 적응과 조화)

일반적 의미

자신의 내면에서 여성성과 남성성이 조화를 이룬다. 늘 신성한 사랑에 부합하는 선택을 내릴 줄 알고, 인간관계에서 이 균형이 깨지지 않도록 최선을 다할 줄도 안다. 서로 존중하고 건전하게 소통하는 관계만이 자신이 바라는 사랑을 최상의 형태로 드러나게 할 수 있다.

사랑/연애

머지않아 사랑을 하게 될 것이다. 사랑할 기회가 곧 생기거나 그 기회가 이미 목전에 와 있는 상황이다. 자신이 원하는 관계에 대해 고민이 된다면 평소 끌리던 자신의 취향과 판단에 따르면 된다. 연인 카드는 삶의 소중한 관계나 이상적인 연인, 또는 자신과 함께 할 인물을 의미한다.

직업/금전

직장에 연인이 있을 수도 있고, 조만간 낭만적인 연인과 같이 일을 하게 될 지도 모른다. 아니면 자신에게 도움이 되는 사업 파트너나 직장 동료와 함께 일할 기회가 생길 수도 있다. 또는 자신이 좋아하는 일을 하며 돈을 벌게 될 수도 있다.

정서/심리

연인 카드는 찰나의 만족보다는 진실한 사랑을 선택하라고 충고한다. 자신의 내면에서 여성성과 남성성이 균형을 이룬다면 올바른 관계를 맺거나 이상적인 연인을 만날 수 있게 된다.

역방향

관계의 균형이 깨지거나 서로에게만 의존하는 불건전한 관계를 의미한다. 자신의 요구를 채우기 위해 연인이나 동료에게 지나치게 의존하거나 상대에 대해 비현실적인 기대를 하고 있을 수도 있다. 이런 관계의 불균형을 바로 잡으려면 문제의 원인을 꼭 되짚어 봐야 한다. 행복은 마음의 문제이다. 그 마음은 관계에도 그대로 드러나기 마련이다.

저널쓰기

→ 카드 속 연인들이 함께 대화를 나누고 있다면, 이들은 서로에게 무슨 말을 하고 있는 걸까?

7 ✳ 전차

전차는 직관이 이끄는 대로 따라간다. 우리가 직관에 따라 올바르게 행동하는 동안 전차는 우리를 보호하는 구조물이 되어 준다.

전차 카드는 추진력을 상징한다. 즉 구체적인 행동 계획에 돌입했다는 의미이다. 갑옷으로 무장한 인물은 전투태세를 갖췄지만 정작 전차는 움직일 기미가 보이지 않는다. 왜냐하면 전차는 행동에 앞서 치밀하게 준비된 계획을 상징하기 때문이다. 전차 앞에는 한 쌍의 스핑크스가 미동도 하지 않은 채 앉아 있다. 서로 반대 방향을 응시하는 스핑크스의 눈동자만이 유일하게 움직이는 것처럼 보이는데, 이는 마치 어디로 가야할지 고민하며 주변을 살피는 행동처럼 보인다. 전차 뒤로 흐르는 강은 감정을 나타낸다. 우선 마음 속 직관의 목소리가 인도할 때까지 기다린 후에 구체적인 행동에 옮기라는 의미이다. 전차를 모는 인물의 머리 위에는 별이 그려진 커튼이 쳐 있다. 별은 자신이 갈 길을 알기 위해서는 하늘을 바라봐야 한다고 알려준다. 그가 입은 갑옷은 게의 단단한 방어용 껍데기를 닮아 있어 그가 게자리와 연결되어 있음을 보여준다.

정방향 키워드
직관에 따른 올바른 행동, 추진력

역방향 키워드
전진하지 못하는 무력감, 정체, 지체

수비학
7(개인적 성장, 계획, 평가)

12별자리와 10행성
게자리(보살핌, 보호, 직관)

일반적 의미

중요한 인생 여정에 나서거나, 인생의 목표를 향한 다음 단계로 접어들게 될 것이다. 전차 카드는 명확한 의도와 목표, 집중력과 구체적인 행동 계획을 요구하는 카드다. 단지 결심만으로는 성공에 다가설 수 없기 때문이다. 중요한 결정을 내리기 전 견고한 토대와 기초를 다져 놓아야 한다. 지금 당장 무엇을 해야할지 모르겠다면 우선 실행 가능한 과제에 착수하는 것이 좋다.

사랑/연애

관계가 빠르게 신선될 것이다. 상대방과 미래에 대한 구체적인 비전을 공유하고 있는지 확인해 보자. 관계가 한 차원 더 발전하려면 구체적인 현실 속에서 엄밀한 계획을 세워야 한다.

직업/금전

직업이나 경력 혹은 금전적인 목표를 추구하려면 행동에 나서야 할 것이다. 지금이야말로 선명하고 일목요연한 계획을 세울 때이다. 성공하기 위해서는 집중력과 단호한 결심, 그리고 명확한 의도가 있어야만 한다.

정서/심리

영적으로 한 차원 더 성장할 수 있는 시점이다. 머지않아 삶이 박진감있게 펼쳐지게 된다. 더욱 전진하고 싶다는 의지만 있다면 지금처럼 수행을 이어가면서 자신있게 삶의 다음 단계로 접어들 수 있다.

역방향

구체적인 목표를 두고 자신감이나 집중력이 부족한 상황이며, 삶의 방향도 명확하지 않은 상태다. 다시 삶에 박차를 가하려면 더 구체적인 계획이 필요하다는 신호이기도 하다. 성장과 긍정적인 행동이 이어지려면 반드시 충동을 억제할 줄 알아야 한다. 너무 성급하게 행동하다 중요한 부분을 놓치거나, 반대로 망설이다 시작도 못하고 있는지도 모른다.

저널쓰기 ●●●●●●●●●●●●●●●●●●●●●●●●●●●●

→ 질주하는 전차가 여러분의 삶이라면, 그 전차가 향하는 곳은 어디라고 생각하는가?

8 ✳ 힘

힘 카드는 완력의 세기, 즉 물리력이
아니다. 진짜 힘은 우리 마음 속의
의지이다. 용기를 발휘한다면 어떠한
장애물도 극복해 낼 수 있다.

· ·

한 여성이 꽃으로 장식된 흰 드레스를 입
고 있는데, 여기서 꽃은 순수한 마음을 상
징한다. 그녀는 사자의 입을 조심스레 다
물게 하면서 자신이 가진 힘을 보여 준다.
그녀는 만물을 포용하는 여성성을 대변하
지만 그렇다고 유약한 존재는 아니다. 두
려움도 망설임도 없이 사나운 짐승의 머
리에 과감하게 손을 얹는다. 사자는 고분
고분 복종하는 듯한 몸짓이다. 여성이 내
미는 손길에 전혀 위협을 느끼지 않는 것
같다. 그녀의 머리위로 보이는 무한대 기
호는 우리 마음 속 의지가 현실에 그대로
반영된다는 점을 보여준다. 그녀의 내면은
평안하기 그지없다. 그렇기에 그녀는 자신
에게 닥친 문제를 초연하게 해결해 나간다.
자신있게 그리고 침착하게 어려움과 맞선
다면 어떤 일이든 좋은 결과를 낼 수 있
을 것이다.

정방향 키워드
장애물 극복, 인내, 끈기

역방향 키워드
두려움, 불안, 자신감 부족

수비학
8(발전이나 진전, 단호한 행동)

12별자리와 10행성
사자자리(용기, 침착)

일반적 의미

우리는 스스로의 기대보다 더 강한 존재이다. 인생은 시련의 연속이지만 자신을 믿는다면 그 어떤 어려움도 헤쳐나갈 수 있다. 무한대 기호는 내면과 현실 세계에서 빚어지는 갈등을 극복할 수 있음을 말해준다. 힘 카드는 두려움을 억누르기보다 그 두려움과 당당하게 대면할 것을 요구한다. 자신감이 좀 부족하더라도 일단 앞으로 나아가라.

사랑/연애

당당하게 새로운 사람을 만나자. 애정 문제를 해결하려 열심히 노력하고 있다면, 자신의 약점을 솔직하게 털어놓고 연인이나 배우자와 자신의 생각과 감정을 공유해 보자.

직업/금전

자신감을 갖고 현재의 직업이나 업무를 끈기있게 이어 나가자. 여러분의 발언에 힘이 실려있기 때문에 과감하게 자신의 입장을 관철할 수 있다. 확고하고 차분한 태도를 유지한다면 머지않아 금전 상태가 개선될 것이다. 직업이나 경력상의 장애를 극복하고 탁월한 성과를 발휘할 수 있다. 그러니 미리 포기하거나 자신의 능력을 의심해서는 안 된다.

정서/심리

스스로 삶의 변화를 추구하고 있다면, 혹은 삶의 내밀한 의미와 교감하고 싶다면, 어떤 시련이 닥치든 해결의 실마리는 이미 자신 안에 있음을 알아야 한다. 용기를 잃지 말고 늘 자기 안의 능력을 믿어야 한다. 상처받아도 괜찮다. 있는 그대로 두려움과 마주하고 행동에 나서라.

역방향

전반적으로 자신감이 부족하다. 자신이나 인간 혹은 세상에 대한 믿음이 희박한 상황에 있다. 행동으로 옮기는 것이 두렵고 스스로 약하다는 생각에 상처받지 않을까 걱정하고 있다.

저널쓰기 ⋯⋯⋯⋯⋯⋯⋯⋯⋯⋯⋯⋯

→ 인생의 어느 순간, 어느 시절에, 부드럽지만 단호하게 행동하면서 자신의 능력을 발휘할 수 있을까?

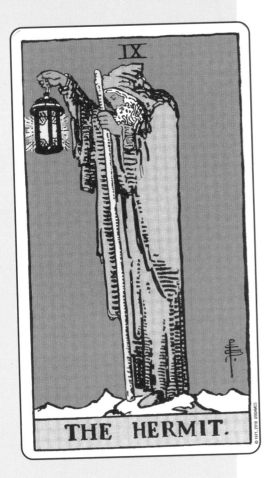

9 ✴ 은둔자

은둔자는 지혜의 인물이다.
그래서 고독과 외로움의 차이를
잘 알고 있다. 그는 고독을 지혜의
벗으로 삼는다.

. . . .

고독을 겪어야만 지혜가 생긴다. 그것이 바
로 은둔자 카드가 주는 교훈이다. 한 노인
이 긴 지팡이를 짚고 등불로 길을 밝히며
홀로 서 있다. 등불은 불과 한 치 앞만 비
추며 은둔자를 진실에 이르는 길로 안내한
다. 그의 지긋한 나이는 지혜를, 그의 지팡
이는 힘을 상징한다. 그의 힘은 자신의 내
면을 들여다보고, 오직 자신만을 믿으며,
엄청난 인내력을 발휘할 수 있는 그의 능
력을 의미한다.

정방향 키워드

지혜, 고독, 예지, 적막감

역방향 키워드

외로움, 고립감

수비학

9(완성에 근접한 상황, 고독)

12별자리와 10행성

처녀자리(분석적 사고, 근면성실, 인내심)

일반적 의미

누구나 혼자가 되는 것을 두려워한다. 하지만 혼자만의 시간을 갖고 자신의 내면을 응시해야만 자신의 진실한 모습에 한층 더 다가설 수 있다. 고독한 시간을 경험하고 마음 속 지혜에 귀를 기울이는 노력은 삶의 활력을 회복하는 데 반드시 필요한 과정이다. 이 고독한 시간을 보낸 후에 사람들과 다시 마주하게 되면 진정한 삶의 활력을 체감하게 된다.

사랑/연애

지금은 혼자만의 시간을 가질 때이다. 자기만을 위한 별도의 시간이 있어야 자신의 진실한 모습과 마주할 수 있다. 연애나 사랑은 잠시 접어 두고 온전히 자신에만 집중할 필요가 있다. 상대와 잠시 거리를 두고 혼자만의 시간을 갖는다면 이전보다 관계가 더 돈독해질 수 있다.

직업/금전

자기만의 생각과 마음을 탐색할 수 있는 시간과 공간이 필요하다. 그리고 타인의 의견은 애써 구하지 말자. 직장에 승진을 요구하거나, 투자를 한다거나 새로운 기획안을 제시하고 싶을 때 다른 사람의 동의를 구할 필요가 없다. 지금은 협력하기 보다 혼자 작업하는 것이 가장 좋다.

정서/심리

자신을 성찰하며 내면의 진리를 찾는데 한참 몰입하고 있다. 충분한 시간을 할애해서 자신의 내면을 제대로 들여다 볼 수 있게 노력하자. 명상을 하고 먼 거리를 산책한다면 고요한 내면의 지혜를 경험하게 될 것이다.

역방향

혼자 남을까 두렵거나 자신의 내면을 들여다보고 싶지 않은 상황이다. 아니면 반대로 너무 오랫동안 고립감에 시달렸을 수도 있다. 그렇다면 이제 적극적으로 손을 내밀어 도움을 요청하고 다른 사람들과 다시 관계를 이어갈 차례이다. 자신의 직관을 따라가면 마음에 와 닿는 삶의 의미를 발견할 것이다.

저널쓰기 ●●●●●●●●●●●●●●●●●●●●●

→ 은둔자 카드에서 배워야 할 삶의 지혜는 무엇일까?

10 ✳ 운명의 수레바퀴

운명의 수레바퀴는 끊임없이 회전한다.
매 순간 영원한 것은 없고 그렇게
삶은 무한히 반복될 뿐이다. 오직 현재,
지금 이 순간에만 주목하자.

....

이 카드는 행운과 불행이 영원히 교차하는
삶의 진실을 선명하게 보여준다. 카드 속 다
양한 상징과 이미지는 신비주의와 점성술, 그
리고 오컬트의 전통을 반영할 뿐만 아니라
인간의 삶에 영향을 주는 다양한 힘들을 보
여주는데, 이는 눈에 보이지는 않는 것으로
신비로울 따름이다. 카드 속 수레바퀴는 구
름 사이로 떠다니는 것처럼 보이는데, 이는
영혼의 여정이 물질세계와 연결되어 있음을
보여준다. 한편 구름 속 생명체들은 물병자
리(공기), 전갈자리(물), 황소자리(흙), 사자자리(
불)와 같은 별자리를 상징한다. 이는 모두 수
레바퀴를 떠받치는 변치 않는 힘을 나타낸
다. 수레바퀴 아래에는 삶과 죽음, 그리고 부
활을 관장하며 죽은 자들을 다스리는 이집
트의 신 아누비스가 보인다. 수레바퀴 위에
는 삶의 다양한 모습을 상징하는 존재인 스
핑크스가 앉아 있다. 아래쪽을 향해 움직이
는 뱀은 인간이 직면해야 하는 삶의 시련을
상징한다. 이처럼 카드 속 생명체와 상징들은
모두 수레바퀴를 따라 움직이고, 행운과 불
행을 반복하며 끊임없이 변모하는 삶의 진리
를 가르쳐 준다. 그러니 우리는 찰나에 불과
한 삶의 한 순간만을 살고 있음을 겸허히 받
아들이자. 변화야말로 삶의 진실한 모습이다.

정방향 키워드
순환, 변화, 주기, 반복

역방향 키워드
지체, 퇴행, 퇴보

수비학
10(한 주기나 순환의 완성)

12별자리와 10행성
목성(행운, 확장, 성장)

일반적 의미

영적 수행을 열심히 하다 보면 삶의 힘겨운 순간에도 흔들리지 않고, 즐거운 순간에는 기쁨을 잃지 않으면서, 불확실하고 힘든 순간을 헤쳐나갈 수 있는 능력을 발휘할 수 있게 된다. 이런 삶의 변화를 마음 속 깊이 이해한다면 우리는 저절로 강한 의지와 삶의 회복력을 키울 수 있다. 운명의 수레바퀴 카드는 불확실한 삶의 변화에도 평온을 유지하고 싶다면 자신이 통제할 수 없는 것에 집착하지 말고 오직 자신의 의지와 노력으로 통제할 수 있는 것에만 집중하도록 요구한다. 이렇게 우리는 운명처럼 다가오는 사건과 인연을 기꺼이 받아들이고 억지로 운명을 거스르지 않게 된다.

사랑/연애

연애나 사랑의 한 고비를 넘기고 이제 다음 단계로 진행되는 상황에 있다. 그러다가 우연히 혹은 운명적으로 새로운 연인을 만날 가능성이 있다. 아니면 한동안 지속되었던 현재의 관계가 새로운 국면으로 접어들 수 있다. 이 카드가 등장하면 연애나 사랑에 중요한 변화가 있기 마련인데, 예를 들어 힘겹고 슬픈 시기를 겪은 후 멋지고 새로운 연애 경험을 기대할 수 있다.

직업/금전

새롭게 시작하거나 운명적인 사건이 벌어지고 금전적인 행운이나 구직의 기회 혹은 뜻밖의 부를 쌓을 수 있다. 경력 또는 금전상의 주기가 한 차례 마무리되고 다시 순환하면서 다음 단계로 넘어간다. 현 상태를 그대로 유지하자. 행운의 여신이 다가오고 있다.

정서/심리

운명은 마땅히 가야 할 길로 나를 인도하고 있다. 이제 힘겨웠던 시기에서 벗어나 새로운 깨달음과 믿음을 얻고 이전에 비해 한층 조화로운 삶을 누리게 될 것이다. 죽음과 부활이 반복되는 삶의 순환임을 이해하고 믿는다면 새로운 사람을 만나고, 삶의 새로운 국면을 기꺼이 받아들일 수 있다.

역방향

복잡하고 혼란스러울 때면 오직 자신이 통제할 수 있는 일에만 집중하라는 의미이다. 혹시 주어진 일을 마무리하지 않고 방치하거나 성장에 따른 두려움을 회피하고 있는 건 아닌지 자문해 보자. 자신의 주변 상황이 모두 변하면 당연 불안해질 수 있지만 이는 일시적인 문제이다. 현재의 상황이 마무리되어야 그 자리에 새로운 것이 들어서는 법이다.

저널쓰기 ••••••••••••••••••••••••••••••••••••••

→ 운명의 수레바퀴를 바라보다가 궁금한 질문이 하나 떠오른다면, 과연 무슨 질문일까?

11 * 정의

진리를 수호하고 진리에 매진하면서 신성한 균형을 유지할 때만 정의를 회복할 수 있다.

정의 카드의 메시지는 분명하다. 그동안 불안정했던 요소들이 균형을 찾는다는 것이다. 정의를 상징하는 인물이 두 기둥 사이에 앉아 있고, 한 손에는 진실의 검을, 다른 손에는 정의의 저울을 들고 있다. 그녀는 한결같이 객관적인 태도로 진실을 추구하는 재판관처럼 보인다. 붉은 법복은 그녀가 물질세계, 다시 말해 현실에 확고하게 자리 잡고 있다는 의미이며, 노란색 왕관과 뒤로 보이는 배경은 물질세계 속에 존재하는 영적인 요소들과 조화를 이루고 있다는 의미이다. 한 손에 쥐고 있는 검은 그녀가 감정보다 논리를 선호하고 있음을 보여주는데, 이는 그녀가 머리 위에 왕관을 쓰고 있는 것의 의미이며, 그녀에게서 무엇보다 지성의 힘을 돋보이게 만든다.

정방향 키워드
진실, 균형, 정직, 평정, 침착

역방향 키워드
불균형, 부당한 처신이나 대우

수비학
1+1=2(2번 고위 여사제 카드와 관련)

12별자리와 10행성
천칭자리(균형, 진실, 협력)

일반적 의미

정의 카드는 논리적이며 객관적인 태도를 유지하라고 요구한다. 그래야만 각 상황마다 숨겨진 진실을 발견할 수 있기 때문이다. 그렇게 되면 법적 문제나 심정적으로 복잡한 대인 관계에서 긍정적인 결과를 경험하게 될 것이다. 결국 자기 스스로 진실하고 올바르게 행동해야 한다. 그러면 불화나 갈등으로 어긋난 상황도 서서히 자신에게 유리하게 작용할 것이다.

사랑/연애

분쟁이나 불화를 겪었다면 이제 해결의 실마리가 보인다. 어긋난 인간관계를 원래처럼 회복하면서 당당하게 자신의 요구를 관철하고, 상대의 의견도 적극적으로 경청하면서 서로 만족할 만한 타협안을 마련하게 된다. 잠시 불편한 시기가 있었지만 이제 화해하고 의견의 일치를 보게 된다.

직업/금전

머지않아 공평한 합의가 이루어지고 분쟁은 해소될 것이다. 직장에서의 업무나 인간관계는 균형을 되찾고, 사업이나 협상에서 스스로 옳다고 믿는 생각들을 발언할 수 있으며 법적 분쟁이나 소송에서 긍정적인 결과를 얻게 될 것이다. 혹은 자신의 경력을 한 단계 성장시킬 수 있는 계약이나 협상을 체결할 지도 모른다.

정서/심리

정의 카드는 과거와의 화해를 의미한다. 삶의 어긋난 부분을 조정해서 균형을 되찾고, 과거 자신의 과오를 현재나 미래에 바로 잡아야 한다는 의미이다. 심리나 영혼의 문제와 관련해 카드를 뽑았다면 자신의 마음 속 깊은 곳에서 영적인 균형을 회복해야 한다고 이해할 수 있다.

역방향

삶의 균형을 맞추려고 힘겹게 노력하는 상황이다. 최근에 부당한 일을 겪었거나 혹은 자신의 가치관에 부합하지 않는 일로 인해 온통 신경이 쓰이는 상황일 수도 있다. 직관에 따라 천천히 생각해 보면 살아가며 이런 일들이 벌어지는 이유와 그 의미를 이해하게 될 것이다. 그렇게 되면 불리한 현 상황을 타개할 수 있는 방법을 천천히 파악할 수 있을 것이다. 하지만 때로는 아무리 노력해도 여전히 어려운 일들이 벌어지게 된다.

저널쓰기
→ 여러분의 삶에서 정의가 꼭 필요하다고 생각되는 지점은 어디인가?

12 ✳ 매달린 사람

거꾸로 매달리게 되면 새로운 관점으로 세상을 바라보고 자신을 되돌아 볼 여유가 생긴다.

．．．．．．．．．．．．．．．．．．．．．．．．．．．．．．．．

매달린 사람 카드는 시간이 정지되는 특별한 선물을 의미한다. 이는 사건을 바라보는 여러분의 시각을 수정하는 데 도움이 되는 카드이다. 매달린 사람은 생명 나무에 거꾸로 다리 한 쪽이 매달려 있고, 손은 등 뒤로 묶여 있는 것처럼 보인다. 왼쪽 다리는 줄에 묶인 오른쪽 다리 뒤로 접어서 편안하고 느긋한 자세를 취하고 있다. 매달린 사람이 딱히 가야 할 곳은 없다. 그렇기에 그의 표정에서는 차분한 자세로 명상을 하는 듯한 인상을 엿볼 수 있다. 그는 고통스러워 보이지 않고 오히려 차분한 데다 마치 깊은 생각에 빠진 듯하다. 머리 뒤로 보이는 노란색의 후광은 정지된 시간 속에서 영적인 각성이 이루어지고 있음을 암시한다. 지금은 무리하게 노력하기보다는 멈추고 내려놓을 때이다.

정방향 키워드
기다림, 관점의 변화

역방향 키워드
성급함, 무기력, 타성

수비학
1+2=3(3번 여황제 카드와 관련)

12별자리와 10행성
해왕성(꿈, 환영)

일반적 의미

이제 더 전진할 수 없다면 자신이 처한 상황을 새로운 시각에서 바라보자. 속절없이 기다리며 지체되는 시간 속에서 배울 수 있는 교훈이 무엇인지 고민하다보면 새로운 각성의 순간이 찾아오고 새로운 통찰력을 얻을 수 있다. 이 무력한 순간에 더욱 집중하고 평온한 마음을 유지할 수 있다면, 본격적으로 행동하며 스스로 변화를 초래할 수 있는 시간이 꼭 찾아온다.

사랑/연애

관계가 답보 상태에 빠진 데는 나름 이유가 있다. 답답한 심정이겠지만 이 순간을 담담하게 바라보자. 새로운 가르침은 관계가 정체되는 순간에 찾아오는 법이다. 지금은 연인이나 배우자와의 관계에 진전이 없지만, 대신 시각을 달리 해 이 답답한 상황을 되돌아 볼 필요가 있다. 물론 불편할 수 있겠지만 지금이야말로 자신의 생각과 입장을 예전과 다른 관점에서 바라보아야 할 때이다.

직업/금전

좀 더 인내하고 기다리면 더 좋은 결과를 얻을 수 있다. 그러니 다양한 관점에서 지금의 상황을 천천히 되돌아보고 자신의 시야를 넓혀야 한다. 직장이나 경력 혹은 금전 관련 문제라면 절대 성급하게 결정하면 안 된다. 분명한 신호나 계기가 있은 후에 행동으로 옮기는 게 좋다.

정서/심리

정체와 답보를 거듭하는 동안에 뜻밖의 새로운 영적 통찰을 경험할 수 있다. 자신이 처한 상황을 새로운 시각으로 바라본다면 자신의 신념을 확대해 나갈 수 있다. 그러므로 조바심을 내기보단 지금 이 순간을 되돌아보며 있는 그대로 머물러 보자.

역방향

현 상황을 타개하려 애쓰거나 무리하게 나아갈 때가 아니다. 뜻대로 일이 진행되지 않고 지체돼서 괴롭겠지만, 지금이야말로 그동안 방치해 왔던 삶의 소중한 순간들을 되돌아 볼 때이다. 서둘러 삶의 다음 단계로 옮겨가고 싶겠지만 우선 마음을 가라앉히고 자신의 직관이 전하는 메시지에 주목해 보자. 일단 정지하면 더 많은 것을 얻게 될 것이다.

저널쓰기 •••••••••••••••••••••••

→ 살다보면 누구나 힘겨운 상황과 마주하게 된다. 그럴 때마다 꼭 필요한 새로운 관점, 태도 혹은 생각의 변화는 무엇일까?

13 ✳ 죽음

**죽음은 궁극적인 변화를 의미하며
다시 태어나기 위한 해방의 과정이다.**

죽음 카드는 가장 오해를 많이 받는 카드이다. 죽음 카드에는 풍부한 상징이 등장하며, '죽음'은 검은 갑옷을 입은 해골 기사의 모습을 하고 있다. 죽음의 기사는 죽음이 임박하거나 이미 죽은 인물들 사이로 말을 타고 유유히 지나간다. 죽음의 기사가 들고 있는 검은색 깃발에는 꽃과 옥수수 이삭이 그려져 있는데 이는 순환하는 인생 속의 성장과 수확의 계절을 상징한다. 그 앞에 교황으로 보이는 종교적인 인물은 죽음에게 간청하는 듯 보인다. 기사 주변의 어린이와 젊은 여성은 무릎을 꿇고 있는데, 이 둘은 변화 속에서도 순수함을 간직한 존재로 볼 수 있다. 저 멀리 두 개의 탑 사이로 떠오르는 태양은 마음의 의식적 차원과 무의식적 차원을 상징한다. 해골은 교황의 예복처럼 노란색으로 표현되는데, 노란색은 전통적으로 영적인 각성을 의미하는 색이다. 죽음의 기사가 탄 말은 변화를 받아들인 후에 나타나는 존재의 자유를 의미한다. 그래서 말 위에서 아래의 교황을 내려다보는 기사의 구도는 개인의 영적 각성 혹은 깨달음이 전통적인 종교적 가르침에 우선한다는 사실을 강조한다. 검은색의 갑옷과 대조를 이루며 떠오르는 태양은 부활, 즉 존재의 거듭남을 의미한다. 어둠 속에서 방치되었던 존재의 그림자가 당당하게 세상에 드러나는 변화의 과정을 갑옷과 태양의 대비를 통해 알 수 있다. 죽음의 기사는 이 거대한 변화 속에서 상처받지 않는다. 그렇게 우리도 변화를 경험하며 보호받는다.

정방향 키워드
변화, 해방, 전환

역방향 키워드
과거에 집착, 변화를 거부

수비학
1+3=4(4번 황제 카드와 관련)

12별자리와 10행성
전갈자리(변화, 힘, 능력, 보호)

일반적 의미

삶은 죽음과 부활의 연속이다. 그리고 변화란 삶의 자연스러운 과정이다. 계절이 변하고 우리 자신도 변하고 성장하면서 각자 자신만의 길에 들어서게 된다. 이처럼 죽음 카드는 인생의 변화에 수긍하고 이제 그 목적을 상실한 삶의 요소들을 미련 없이 내려놓으라고 충고한다. 물론 쉽지 않겠지만 불안해 할 필요는 없다. 더 나은 단계의 삶에 걸맞게 새로운 기회가 찾아와서 빈자리를 채우게 될 것이다.

사랑/연애

애정 관계가 갑작스레 혹은 기대와 다르게 변할지도 모른다. 익숙하지만 이제는 무의미한 것들과 이별해야 한다. 비록 힘들고 가슴 아프겠지만, 그럴 때만이 멋지고 새로운 기회가 찾아오는 법이다. 일단 끝이 있어야 다시 시작할 수 있다.

직업/금전

경력이 한 차례 단절되면 누구나 고통스러울 수 있다. 하지만 이는 스스로 변화하고 쇄신하며 지금의 경력을 다음 단계로 이어나갈 수 있게 만드는 삶의 한 과정일 뿐이다. 죽음 카드의 의미는 분명하다. 이제 제자리에 그저 머물지 말고 앞으로 나아가야 할 때이다.

정서/심리

낡고 진부한 생활방식과 행동이나 습관에서 과감하게 벗어나 자신을 변화시키려 애쓰고 있다. 과거에서 벗어나려 노력하면서 새롭게 시작하고 스스로 변화하는 자신을 경험하게 될 것이다.

역방향

현재 버리지 못해 마냥 집착하고 있는 삶의 문제들이 있다. 앞으로 나아가지 못한 채 무의미한 과거에 매달려 있는 것이다. 변화를 받아들이는 게 힘겹고 두려울 수 있지만 그 변화에 저항할수록 괴로운 시간은 더욱 길어지고 고통만 가중될 뿐이다. 변화에 저항하는 것은 모두 내버리고 자신과 세상을 믿어 보자.

저널쓰기 ••••••••••

→ 누구나 중요한 삶의 변화를 겪기 마련이다. 이와 관련해 죽음 카드를 보며 어떤 중요한 질문을 던져볼 수 있을까?

14 * 절제

절제 카드는 균형 잡힌 태도를
갖추려면 자신의 노력만으로는
부족하고, 영적인 지혜를 따라야
더 나은 결과를 얻을 수 있다고
충고해 준다.

절제 카드는 낙관적인 삶의 전망을 보여주
지만, 그 길로 가려면 영적인 지혜를 구해
야만 한다. 천사는 한 발은 땅 위에 다른
한 발은 물속에 담근 상태에서 위에서 아
래로, 그리고 아래에서 위로 물을 붓고 있
다. 그래서 물은 동시에 양쪽으로 흐르는
것처럼 보인다. 이는 영적인 통찰을 갖추면
불가능한 것도 가능하게 할 수 있다는 연
금술의 지혜를 보여준다. 신중하고 절제된
선택을 한다면 자기 안의 신성, 즉 영감이
떠오르며 자신을 대신해 행동하고 나에게
힘을 실어 줄 것이다. 연금술은 그런 식으
로 영적 세계에서 효과를 발휘한다.

정방향 키워드
중용, 조화, 최선의 순간

역방향 키워드
불균형, 결과를 무리하게 재촉

수비학
1+4=5(5번 교황 카드와 관련)

12별자리와 10행성
사수자리(모험, 최고의 지혜와 진리추구,
낙관)

일반적 의미

자신의 삶에서 성취하고 싶은 게 있어 노력하고 있다면 이를 꼭 혼자서 해야 하는 건 아니다. 영감에 의지해 도움을 받고, 영감이 떠오르는 순간 그것이 이끄는 대로 선택하고 행동하라. 그러려면 늘 융통성을 발휘하고 절제된 태도가 필요하다. 원하는 결과를 얻으려면 시간이 걸린다는 사실도 꼭 기억하자. 자신이 열망하는 바가 실현되는 것은 하늘의 뜻이니 인내심을 가져야 한다.

사랑/연애

서둘러서 관계를 강요하거나 밀어붙이면 안 된다. 여러분의 삶에 아늑한 사랑이 깃들도록 보이지 않는 손이 작동하고 있다. 다만 기막힌 순간에 사랑이 찾아온다는 사실만 믿어 두자. 현재의 연인이나 배우자와의 관계에서 균형과 조화를 추구해야 하고, 원하는 바를 손에 넣기 위해서는 직관적으로 올바른 선택을 해야 한다.

직업/금전

직업이나 금전 문제와 관련해 가장 중요한 것은 시간이다. 영감이 떠오르게 노력하고 기다린다면 경력이나 직업에서 다양한 기회를 맞이할 수 있을 것이다. 그러려면 조금 더 인내심을 갖고 기다릴 줄 알아야 한다. 모든 일에는 때가 있고 그게 옳다는 사실을 믿는다면, 머지않아 풍요로운 기회와 삶을 누릴 수 있다.

정서/심리

어떤 구체적인 문제로 힘들어하거나 혹은 삶의 방향을 상실한 듯한 느낌이 들 수 있다. 하지만 이제는 영감에 귀 기울이고 영감이 주는 메시지를 따라야 할 때이다. 직관을 믿고 자기만의 길을 따라 나아가면 자신의 최고의 모습과 마주할 수 있다. 그렇게 내면에서 들려오는 목소리에 주목해보자.

역방향

여유있는 태도로 최선의 순간을 기다리기보다 무리하게 노력하거나 자기 뜻대로 상황을 강요하고 있는지도 모른다. 다시 최선의 길에 들어서려면 나름 절제되고 균형 잡힌 태도가 필요하다. 머지않아 어느 한쪽으로 치우치지 않고 극단적인 상황과 행동에서 벗어날 수 있는 지혜를 얻게 될 것이다.

저널쓰기 ●●●●●●●●●●●●●●●●●●●

→ 삶은 늘 비틀거리기 마련이다. 어떻게 힘들더라도 최선의 순간을 믿고 기다리며 삶의 균형을 유지해 나갈 수 있을까?

15 ✶ 악마

악마 카드는 자신의 삶의 어느 부분이
붕괴되고 있는지 가르쳐주며,
이를 깨닫고 현 상황에서 벗어날 수
있게 도와준다.

∙∙

악마 카드는 자주 불길한 징조를 암시하는
카드로 오해 받는다. 하지만 악마 카드의
의미를 정확히 알고 나면, 두려울 이유가
하나도 없다. 카드 속 악마는 실제 악마처
럼 보인다. 부분적으로 인간의 모습을 하
고 있지만, 뿔과 날개가 달려 있고 하반신
은 짐승의 모습을 하고 있다. 이 카드는 분
명 우리가 악마화하고 두려워하는 실체를
적나라하게 보여준다. 악마는 머리에 오각
형의 별이 거꾸로 뒤집힌 모양의 왕관을
쓰고 있는데, 이를 통해 부정적인 에너지
가 짙게 배어나는 걸 알 수 있다. 아래에
는 연인 카드 속의 연인 같은 여자와 남자
가 사슬에 묶인 채 서 있다. 악마에 붙잡
혀 있는 연인은 중독, 정체나 파괴, 위험
을 자초하는 반응이나 태도, 혹은 두려움
을 나타낸다. 이 점을 충분히 자각하고 자
신의 행동에 책임을 질 때만 암담한 현실
과 집착에서 벗어날 수 있다. 악마 카드는
우리의 내면에서 왜곡된 부분이 어디인지
보여준다.

정방향 키워드
파괴, 정체, 중독

∙∙∙

역방향 키워드
해방, 자유

∙∙∙

수비학
1+5=6(6번 연인 카드와 관련.
연인 카드는 빛을, 악마 카드는 어둠을
상징하여 마치 동전의 양면과도 같다.)

∙∙∙

12별자리와 10행성
염소자리(야심, 패기, 염세, 비관, 책임)

일반적 의미

악마 카드가 나오면 자신의 성장과 변화를 가로막는 생각이나 행동과 정면으로 마주하게 된다. 혹시 잘못된 습관은 없는지, 사건이나 인간관계에서 잘못된 대응방식은 없는지 제대로 되돌아보아야 한다. 나와 나의 삶을 서서히 붕괴시키면서 스스로 두려워 회피하고 있는 게 무엇인지 돌아보라. 이런 성찰이 마냥 두려운 것만은 아니다. 악마가 들고 있는 횃불이 카드의 어두운 그림자에 빛을 비추듯, 우리 내면의 그림자를 환히 비추어 깨달을 수 있게 도와주기 때문이다.

사랑/연애

악마 카드는 집착이나 불건전한 관계를 경고한다. 예를 들어 사랑이 아닌 정욕에 사로잡힌 관계, 연인간의 지나친 의존관계, 혹은 상대를 일방적으로 통제하려는 연인이나 배우자처럼 말이다. 다른 한편 침실에서 재미삼아 상대를 지배하고 통제하려는 여러 시도들이 어쩌면 관계에 새로운 활력을 불어넣을 수 있다는 의미로도 해석된다.

직업/금전

금전이나 돈벌이에 대한 태도나 입장이 잘못된 방향으로 전락하거나 일 중독에 빠질 수도 있다. 혹은 자신을 부당하게 대하거나 부정적인 업무 환경에서 벗어나야 한다는 의미일 수도 있다. 또한 어이없게 잘못된 이유로 현재 직장에 계속 머물게 될지도 모른다.

정서/심리

집착이나 강박처럼 그릇된 사고방식이나 잘못된 현실 대응의 사례는 없는지 면밀히 살펴볼 때가 되었다. 반복적으로 자신을 무력하게 만드는 근본 원인을 찾아야만 이 정체된 현실에서 벗어날 수 있다. 잠시라도 즐겁고 재미있게 한 일들이 이후에 부정적인 결과를 초래하는 경우가 없었는지 따져 볼 때이다.

역방향

다시 희망을 되찾고 강박, 집착, 중독과 같은 불건전한 상황에서 벗어날 수 있다는 소식이다. 당장은 자신에게 불리하거나 타인의 주목을 받지 못하는 결정이야말로 진정 최선의 선택이라고 해석할 수 있다.

저널쓰기

→ 혹시 나의 삶을 갉아먹는 불건전한 집착이나 강박은 무엇일까? 이를 어떻게 간파하고 거기에서 벗어나야 할까?

THE TOWER.

정방향 키워드
대혼란, 격변, 갑작스러운 변화

역방향 키워드
집착과 고집, 내려놓지 못하는 두려움

수비학
1+6=7(7번 전차 카드와 관련.
안정과 변화는 서로 연관되어 있다.)

12별자리와 10행성
화성(공격성, 외적 행동, 남성성)

16 ✷ 탑

탑 카드는 어느 것이 붕괴되고 나면
바로 그곳에 해방되는 것이 있음을
일깨워 준다.

탑 카드는 죽음, 악마 카드 다음으로 오해
를 많이 받는 카드이며 파괴, 안정이나 균
형의 상실, 통제력의 극심한 부재를 보여준
다. 갑자기 변화가 닥치고 그동안 익숙했
던 사고, 행동, 습관이 마음 깊은 곳으로부
터 붕괴되기 시작한다. 당연 두렵고 불안
한 순간이다. 하지만 이 급변하는 순간에
만 우리는 성장하고 발전할 수 있다. 탑 카
드를 보면 거대한 돌탑에 번개가 내리치고
그 충격으로 탑 꼭대기에 있던 왕관이 떨
어져 나간다. 공포에 사로잡힌 두 사람은
화염에 휩싸인 탑에서 거꾸로 떨어지는데,
자신들이 어디로 떨어지고 있는지 전혀 모
르는 표정이다.

탑 자체는 삶을 지탱하는 견고한 구조를
상징하고, 번개에 맞은 왕관은 벼락같은
깨달음으로 산산조각난 개인의 에고(ego),
즉 자아나 자의식을 의미한다. 탑 카드의
강렬한 이미지는 분해 혹은 해체라는 인
생의 불가피한 과정이며, 이를 통해 삶의
더 나은 단계로 올라설 수 있음을 알려준
다. 탑은 더 이상 성장하지 못하고 정체되
어 있는 낡은 신념이나 습관을 거침없이
허물어 버리고 있다.

일반적 의미

탑 카드는 통제하기 힘든 갑작스러운 변화를 상징하기 때문에 탑 카드가 나오면 누구나 불안해지기 쉽다. 어느 순간 삶의 일면이 급격하게 붕괴하고, 결국 원래의 목적을 상실하게 된다. 우리는 그 불안한 순간을 묵묵히 인내하는 법을 배워야만 한다. 이 혼란한 상황을 돌파하려면 새로운 안목과 태도 그리고 새로운 생활 습관이 필요하다. 그래야만 우리는 다시 성장하고 발전할 수 있다.

사랑/연애

기존의 연애 방식이나 애정 관계는 허물어지고 더 견고한 유대감과 이전과 다른 동반자 의식을 느낄 만한 변화가 찾아온다. 이런 점에서 기존의 교제나 애정 관계는 하등 도움이 되지 않는다.

직업/금전

금전이나 돈벌이에 갑작스레 변화가 생기면서 한동안 당혹감을 느낄 수 있지만, 이런 변화는 반전의 계기로 작동하게 된다. 지금 당장 손해를 보더라도 이를 만회하고도 남을 이익을 도모할 수 있기 때문이다. 기존의 생각을 허물고 새로운 수입처를 궁리하다 보면 새로운 직장 경력으로 이어지고 돈벌이 수단도 마련할 수 있다. 늘 해오던대로만 해서는 안 된다.

정서/심리

기존의 가치관을 과감하게 허물고 나서야 새로운 생활 방식을 기대할 수 있다. 급격한 변화와 그로 인한 혼란이 있고 난 후 깨달음의 순간이 다가온다. 그제서야 새로운 안목으로 세상을 바라보게 되고 자신을 둘러싼 삶의 토대가 얼마나 허약했는지 깨닫게 될 것이다. 변화는 늘 가까이 있는 법이다.

역방향

변화의 결과가 미미하거나 그다지 심각하지 않은 상황을 의미한다. 한편 현재의 변화를 애써 무시하면서 기존의 생각이나 습관에 매몰되어 있다는 의미이기도 하다. 당장은 불안하겠지만 변화는 불가피하며 자신이 마땅히 가야할 곳으로 가고 있음을 명심해야 한다.

저널쓰기 ·············

→ 지금껏 살아오며 순식간에 무너지는 탑처럼 갑작스럽고 격렬했던 생각이나 삶의 변화를 겪어본 적이 있는가?

17 ✳ 별

별은 천체의 빛을 지상으로 환하게
비춘다. 이제 치유와 회복의 길로
들어설 수 있다.

별 카드는 새로운 희망과 치유의 가능성을
보여준다. 한 여성이 강기슭에 한 쪽 무릎
을 꿇고 발 하나를 물에 담그고 있다. 이는
그녀가 영적 세계와 지상 세계에 모두 연
결되어 있음을 보여준다. 그녀가 두 개의
물병을 들고 하나는 땅 위에 다른 하나는
물 위에 붓는 동안 하늘의 별은 그녀를 내
려다보며 그녀를 이끌어 준다. 물을 붓는
행위는 무의식적 열망, 희망, 신뢰의 회복,
영감, 창의력이 신성한 근원에서 흘러나오
고 있음을 나타낸다. 별 카드는 치유의 에
너지를 자신의 의식 속으로 흐르게 할 수
있다면, 이 피곤한 세상에서 우리의 육체
와 영혼이 온전하게 치유되고 회복될 수
있다고 약속한다.

정방향 키워드
희망, 치유, 소망, 회복, 기대

역방향 키워드
믿음의 상실, 근원으로부터 단절

수비학
1+7=8(8번 힘 카드와 관련)

12별자리와 10행성
물병자리(미래지향, 예지, 비전, 지성)

일반적 의미

앞서 탑 카드에서 힘겹고 고통스러운 변화의 시간을 감내해야 했다. 별 카드는 이처럼 급격한 변화를 겪어 낸 우리의 영혼을 위로하고 고양시키며, 미래에 대한 믿음과 희망을 다시 회복할 수 있게 도와준다. 그 결과 자신의 재능과 잠재력을 아낌없이 발휘하면서 자기만의 창조성을 실현할 수 있는 영감을 얻을 수 있다. 나의 육체와 정신 속에 바로 이 치유의 능력이 깃들어 있다.

사랑/연애

과거 혹은 현재의 관계에서 생긴 상처는 조만간 치유될테니 애정을 주고받는 삶에 대한 믿음을 늘 간직하자. 서로 아끼고 사랑하는 길로 안전하게 접어들 거라는 믿음만 있으면 된다. 과거에 나를 힘들게 했던 기억들은 금세 사라지게 된다.

직업/금전

직업이나 경력에서 성장할 수 있는 다양한 기회를 붙잡게 될 것이다. 금전 상황이 나아질 수 있는 참신한 아이디어가 무수하게 떠오를 수 있으니 순간순간 떠오르는 영감에 늘 주목하자. 별 카드는 금전적인 어려움이나 실직의 상처로부터 회복될 수 있다는 의미로 받아들여도 좋다.

정서/심리

과거의 상처로부터 회복하고 미래를 낙관하게 될 것이다. 멋진 영감이 떠오를 테니 창의적인 생각과 느낌이 든다면 그대로 행동으로 옮겨 보자. 하지만 별 카드의 의미는 이런 전망에만 국한되지 않는다. 가까운 미래에 심신의 건강만이 아니라 영적인 건강도 되찾을 수 있기 때문이다.

역방향

현재 삶의 신성한 의미를 상실하고 고립되어 있다. 역방향의 별 카드는 그 신성한 의미를 다시 발견할 것을 종용하고 있다. 이 과정에서 변화와 성장을 향한 믿음을 포기해선 안 된다. 한결같이 올바른 길로 가고 있으니 말이다. 영감이 떠오를 테니 도중에 포기하면 안 된다. 결국 몸과 마음은 치유되고 회복될 것이다. 다만 시간이 걸릴 뿐이다.

저널쓰기 ••••••••••••••••••••

→ 별은 새로운 삶의 희망을 비춰준다. 어떻게 그 희망을 다시 품을 수 있을까?

18 ✴ 달

달은 늘 감춰져 있던 것에 빛을
비추고 이를 세상에 드러낸다. 그리고
자기 안의 직관이 보내는 메시지에
주목하라고 조용히 타이른다.

달 카드는 자신의 그림자, 즉 억압되었던
인격의 어두운 측면과 마주하라고 알려준
다. 자신의 그림자를 두려워하기보다 서서
히 포용하고 통합해 나가야 한다. 그래야만
마음에 들지 않거나 인정하고 싶지 않았던
자신의 모습과 화해할 수 있다. 달 카드에
는 늑대와 개가 보름달을 향해 짖고 있는
그림이 있다. 이는 이원성과 미지의 대상에
대한 우리의 불편한 마음을 상징한다. 개
가 길들여지고 문명화된 자아의 속성이라
면, 늑대는 길들여지지 않은 야생적인 속성
의 자아를 의미한다. 물속에서 나온 가재
는 삶의 의미를 추구하고, 삶을 깊이 있게
바라보면서, 피상적인 삶에 대해서는 불만
을 드러내는 상징이다. 달은 죽음 카드에서
처음 등장한 두 탑 사이에 떠 있는데, 달의
한 면은 의식을, 다른 한 면은 무의식을 나
타낸다. 달빛 아래에서는 숨겨진 것들이 모
두 드러나고 만다. 꿈속에서 혹은 직관이나
영감을 통해 떠오른 모든 메시지도 바로 여
기에 해당한다. 그렇게 세상에 드러난 것들
은 대체로 자신의 감각과 현실에만 의존한
채 미처 파악하지 못하고 회피해 왔던 것
들이다. 이제는 삶의 진실을, 그리고 사건의
이면을 명확하게 바라볼 때이다.

정방향 키워드
꿈, 희망, 환영

역방향 키워드
곤란한 일을 회피함, 진실의 수용을 거부

수비학
1+8=9(9번 은둔자 카드와 관련)

12별자리와 10행성
물고기자리(직관, 공감, 헌신)

일반적 의미

달은 그림자에 가려진 자신의 어두운 면모를 드러낸다. 내 삶의 어둡고 자기 파괴적이며 부정적인 측면을 말이다. 달 카드는 이중적인 인간 본성을 가장 원초적인 형태로 드러내면서도 성장하고 발전하고 싶은 인간다운 충동에 주목하게 만든다. 마음을 열어 현재의 의식을 확장하고 억지로라도 자기 내면의 감춰진 면들을 볼 줄 알아야 한다. 그래서 영적으로 성장하며 앞으로 나아갈 것인지, 아니면 지금 그대로 어둠 속에 안주할 것인지 결정해야 한다. 달은 꿈을 통해서, 그리고 직관을 통해서 내가 어디에 있어야 할지 알려준다. 아직 어둠 속에 가라앉아 있다 해도 두려워 할 필요는 없다.

사랑/연애

그동안 애정 관계에서 막연히 불편한 구석이 있었지만 이를 명확하게 알아채기는 어려웠다. 하지만 곧 진실이 드러나게 된다. 비밀과 속내가 드러나고 허심탄회하게 대화를 나눌 수 있을 것이다. 현재의 연인이나 배우자와의 관계에서 혹은 새로운 연인을 만나기 전, 자신의 진실한 모습을 가감없이 바라봐야 하는 상황에 처할 수도 있다.

직업/금전

우선 모든 계약이나 관련 서류들을 꼼꼼하게 들여다보자. 미처 몰랐던 비용문제를 발견할 수도 있고, 너무 유리한 조건이라면 과연 신뢰할 만한 계약인지 의심할 필요도 있다. 경력이나 금전 면에서 소기의 성과를 발휘하지 못했거나, 직장에서 자신의 권한을 충분히 행사할 만큼 성장하지 못했다면 그 이유를 자기 자신에게서 찾아볼 필요가 있다.

정서/심리

이제 나의 그림자를 인정하면서 자신에게 자기기만이나 두려움 혹은 수치스럽게 느낀 면은 없었는지 자세히 들여다보자. 꿈작업(Dreamwork: 꿈을 분석하는 작업)이나 심리 수업 혹은 심리 상담을 받는다면 내 안에 숨겨져 있던 자신의 진실한 모습을 발견하고 소통해 나갈 수 있다. 머지않아 정신적으로 성장하고 영적으로도 의식이 발달하는 경지에 이를 것이다.

역방향

자신이나 세상의 진실한 모습을 인정하지 않고 자신의 내면을 깊이 있게 바라보기를 거부하는 상황이다. 이제라도 위선이나 자기기만과 같은 부정적인 태도를 극복하라는 의미일 수 있다. 그러니 나의 직관에 따라 올바르게 행동하고 자신이 영적으로 얼마나 성숙한 존재인지 냉정하게 가늠해 보자.

저널쓰기 ●●●●●●●●●●●●●●●●●●●●●●●●●●●●●●●●●●●●

→ 달은 내 안의 어두운 그림자를 비추고 있다. 나의 그림자가 감추고 있는 것은 과연 무엇일까?

19 ✳ 태양

**태양 카드는 자신의 가장 어두운
측면을 경험하고 이해한 후에
찾아드는 의식의 명료함을 상징한다.**

태양 카드는 어둠을 딛고 일어나서 경험하
는 강렬한 열정과 명료한 의식을 의미한다.
환하게 빛나는 태양 아래로 순수, 낙관, 자
유의 회복을 상징하는 어린아이가 말에 탄
채 두 팔을 활짝 벌리고 있다. 아이 옆으로
는 붉은 깃발이 휘날리는데 이는 다시 열
정을 되찾을 수 있고 사랑이 깃들고 있음
을 의미한다. 거대하고 눈부신 태양은 수
평선 위에서 그 위용을 뽐내고 있다. 이는
태양 카드의 핵심 메시지인 명료한 의식
과 각성을 상징한다. 저 멀리 피어 있는 해
바라기 꽃은 인생이 또 한 번 환하게 피어
나듯 당신 또한 눈부시게 성장할 거라 상
기시켜 준다. 태양 카드는 고통이 지난 후
의 희망과 안도감을 나타내고 있다. 어두
운 밤이 지나면 어김없이 새날이 밝아 오
는 법이다.

정방향 키워드
명료함, 낙관, 명백함, 희망

역방향 키워드
비관, 혼란

수비학
1+9=10, 1+0=1(1번 마법사 카드, 10번
운명의 수레바퀴 카드와 관련)

12별자리와 10행성
태양(생명력, 활력, 탁월함)

일반적 의미

어린아이의 눈으로 세상을 바라보며 유년의 자신의 모습과 마주해 보자. 그러면 태양 카드가 간직한 활력을 생산적이고 보람 있게 활용할 수 있다. 태양 카드는 앞이 보이지 않는 상황을 헤쳐 나갈 수 있도록 새로운 활력과 명료한 의식을 선물한다. 건강 역시 나아지고 삶의 의지와 열정도 조만간 되찾게 될 것이다.

사랑/연애

태양 카드가 나오면 현재의 연인이나 배우자 사이에서 사랑과 열정이 새로 피어난다는 의미이다. 또한 새로운 연인의 등장으로 인한 밝은 미래를 암시하기도 한다. 태양 카드는 기본적으로 연인과의 행복하고 즐거운 시간을 약속한다. 혹은 기다리던 임신 소식이 들려오거나 자신만의 가정을 이룬다는 소식으로 해석할 수도 있다.

직업/금전

직장이나 경력 차원에서 가슴 설레는 기회가 찾아온다. 혹은 현재의 직장이나 업무에서 다시 희망과 열정을 되찾게 된다. 사업을 운영한다면 별도의 사업 구상이나 수익 창출을 위해 적극적으로 새로운 아이디어를 궁리할 필요가 있다. 아이들이나 가족이 함께 일하거나 사업을 운영한다면 크나큰 성과와 기쁨이 뒤따른다.

정서/심리

심신의 고통을 잘 극복하고 있으며 몸도 마음도 이전보다 한결 건강해지는 걸 느낄 것이다. 열정을 발휘할 수 있는 작업을 찾아서 몰입해보거나 한때 좋아했던 취미에 다시 재미를 붙여 보자. 이를 통해 어린 시절 상처받았던 마음을 치유할 수 있게 될 것이다.

역방향

태양 카드는 역방향과 정방향의 의미가 거의 동일하다. 역방향으로 나왔다면 현재 자신이 처한 상황을 곰곰이 들여다보고 작은 성공이나 성취도 소중하게 받아들이자. 변화는 하룻밤 사이에 찾아오지 않는다. 자신을 둘러싼 상황이 변하고 있음을 단번에 알아채기는 힘들겠지만 작고 사소한 성공이 모여 큰 성과를 만들어 내는 법이다. 여러모로 상황은 나아지고 있다. 그러니 낙담하지 않도록 마음을 추스르자.

저널쓰기

→ 어둡고 힘든 시간이 지나갔다. 내가 볼 수 있게 태양이 환하게 비추고 있는 것은 무엇일까?

20 ✳ 심판

우리가 하늘의 부름에 따라 영적으로 각성하고 자신의 과거와 자신의 모습을 있는 그대로 받아들일 때 궁극적인 해방을 선물한다.

여러분은 이미 성장하고 성숙하기 위한 만반의 준비가 되어 있다. 즉 자신을 있는 그대로 받아들이고 자신의 과거로부터 벗어날 수 있다. 심판 카드를 보면 하늘에서 천사가 나팔을 불고 있고 사람들이 무덤에서 일어나 하늘의 부름에 맞추어 기뻐하고 있다. 이 카드는 성경에 등장하는 심판의 날과 영혼의 부활을 묘사하고 있다. 분명하게 드러나는 기독교적 주제가 아니어도 심판 카드는 영적 각성을 촉구하는 하늘의 계시에 응답하는 인간의 모습을 보여준다. 각성의 순간에 우리는 자신이 살아온 삶, 자신의 선택과 행동 그리고 삶의 모든 경험을 되돌아보게 된다. 하지만 자신을 평가하려면 우선 자신의 과거를 애정 어린 시선으로 바라보자. 그리고 이런 판단마저 내려놓고 과거에서 벗어나 앞으로 나아가자.

정방향 키워드
각성, 있는 그대로 받아들임

역방향 키워드
불신, 자기 회의, 분노, 억울함

수비학
2+0=2, 2=1+1(2번 고위 여사제 카드, 11번 정의 카드와 관련)

12별자리와 10행성
명왕성(변형, 죽음과 부활, 힘)

일반적 의미

영적 각성도 중요하지만 우선 자기 자신에 대한 판단은 잠시 접어두는 게 중요하다. 앞으로 나아가려면 자신의 과거를 기꺼이 받아들임과 동시에 그 기억으로부터 벗어날 수 있어야 하기 때문이다. 이후의 삶이 어떻게 전개될지는 모르지만 삶의 한 고비를 넘겨야 다음 단계로 나아갈 수 있다. 판단하는 행위는 먼저 삶에 굴복하고 다시 그 삶으로부터 벗어나서, 결국 자신의 삶을 용서하는 과정까지를 포함한다. 그렇게 과거에서 멀어지면서 활기찬 미래에 가까이 다가서는 것이다.

사랑/연애

상대방의 실수 뿐 아니라 자신의 실수도 받아들여야 두 사람 모두 과거의 기억에서 헤어 나올 수 있다. 또한 과거의 연인이 돌아와 다시 화해할 가능성도 있으며, 서로 지나간 과거와 화해하고 명확히 매듭을 지을 수 있다. 관계를 진전시키고 앞으로 나아가고 싶다면 기꺼이 용서를 구해야 한다.

직업/금전

금전, 직장, 경력 차원에서 빚어진 과거의 실수나 결정만으로 자신을 섣불리 평가하지 말자. 오히려 과거는 접어 두고 새롭게 펼쳐지는 성공적인 삶에 집중해야 한다.

성공의 나팔 소리에 주목하면 새로운 경력을 쌓을 수 있고 유망한 사업 기회를 포착할 수도 있다.

정서/심리

천상의 나팔 소리를 알아듣는 데 충분히 집중해야 한다. 그래야만 자신을 비난하고 평가하는 무의미한 습관에서 벗어날 수 있다. 우선 자기 안에 영적인 잠재력이 존재한다는 사실을 인정하자. 그리고 과거의 고통과 기억은 접어 두고, 영적인 깨달음을 앞당기는 새로운 삶을 향해 앞으로 나아가자.

역방향

중요한 삶의 교훈은 외면하고 과거의 행동과 습관만을 반복하고 있는 상황이다. 자신을 가혹하게 비난하거나 과거에만 연연한 결과 한 발짝도 앞으로 내딛지 못하고 있는 것이다. 심판 카드가 역방향으로 나오면 숭고한 삶의 목적을 망각하고 살게 될지 모른다는 경고이다. 두려워 말고 성장과 변화를 향한 노력을 아끼지 말자.

저널쓰기

→ 심판 카드의 질문은 자명하다. 결국 자신과 관련해서 수긍하고 받아들일 수 밖에 없었던 측면은 무엇인가?

21 ☀ 세계

삶의 한 주기가 완성되었다.
끝은 또 다른 시작이니 그동안
열심히 노력한 대가를 누리며 기뻐할
차례이다.

바보는 궁극적으로 세계 카드에 이르러
자신의 여정을 마무리 짓는다. 세계 카드
속의 인물은 마법사처럼 양손에 막대를
쥐고 있는데, 이것은 자신이 창조하고 이
룩한 삶의 성취를 의미한다. 인물을 둘러
싸고 있는 월계관은 승리와 성공을 상징
한다. 세계 카드는 여러 면에서 운명의 수
레바퀴 카드와 닮아 있다. 월계관이 구름
에 떠다니고 물병자리(공기), 전갈자리(물),
황소자리(흙), 사자자리(불)를 의미하는 별
자리가 다시 등장한다. 이런 상징과 이미
지들은 삶의 한 과정을 완성하기 위해 자
신이 기울였던 노력의 결과이다. 힘겨웠던
시절을 겪어 내지 못하면 결국 빈손으로
남는 법이다. 삶의 한 주기가 완성되었다.
이 삶이 선물하는 값진 보상에 만족하고
기뻐하자.

정방향 키워드
성공적인 완성, 노력에 대한 보상

역방향 키워드
미완성된 행동, 지연된 축하

수비학
2+1=3(1과 2의 조합인 12번 매달린 남자
카드나 1과 2의 합인 3번 여황제 카드와
관련)

12별자리와 10행성
토성(책임, 제약, 시간)

일반적 의미

세계 카드는 삶의 한 주기를 힘겹게 마무리하고 나면 그 노력의 결과로 값진 보상이 주어진다는 사실을 일깨워 준다. 자신이 이룩한 삶의 승리를 축하하고 자신이 얼마나 성장했는지 돌아보자. 앞으로 즐겁고 흥미로운 일들이 벌어질 것이다. 그리고 자신이 쌓아올린 역량과 성숙한 태도로 새로운 삶의 여정에 다시 나설 수 있다.

사랑/연애

앞으로 적극적으로 연애나 사랑에 빠져들고 그 관계에서 충만한 감정을 느끼게 된다. 사랑을 통해 서로 소중한 교훈을 깨닫고 관계가 진전되며 새로운 국면에 접어든다. 그러면서 미래에 대한 기대와 확신을 품게 될 것이다.

직업/금전

승진이나 임금인상처럼 직장에서 보상을 받거나 나름 인정받는 위치에 올라선다. 어쩌면 학위를 취득할 수도 있다. 넉넉한 보상이 주어질 테니 좀 더 책임 있는 역할을 맡거나 사내 위기가 닥칠 때 자신의 능력을 충분히 발휘해 보자.

정서/심리

인생의 한 국면을 잘 마무리했고 이제 다음 단계로 접어들 때가 되었다. 열심히 노력하며 이 자리까지 왔다. 이 사실에 기뻐하고 자신이 얼마나 많은 것을 이룩했는지 뒤돌아보자. 나름 목적을 달성했으니 자부심을 느껴도 좋다.

역방향

역방향 역시 삶의 한 국면이 마무리되는 시점에 있다는 의미이다. 물론 자신은 아직 이 사실을 받아들일 준비가 되지 않았을 수도 있다. 한편 어떤 상황이나 작업이 이미 끝났음을 알지 못하거나, 자신이 기울인 노력에 대해 만족하지 못하고 완성도가 떨어진다고 의심하는 상황에 있는지도 모른다. 하지만 마감 혹은 완성이란 자신이 스스로 선택할 수 있는 태도나 입장에 불과하다. 끊임없이 노력하며 새로운 삶의 국면에서 맛볼 수 있는 활력을 경험하고 싶다면 현재의 작업이나 상황에 연연해서는 안 된다. 여러분은 이미 충분히 성장했으며 새로운 삶의 모험을 시작할 준비가 되어있다. 이 믿음만큼 중요한 게 없다.

저널쓰기

→ 이제서야 삶의 한 국면을 마무리한 셈이다. 지금까지 노력하며 성취하고 자축할 수 있는 것들은 무엇이 있을까?

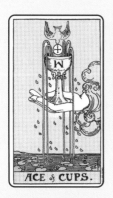

ACE of CUPS.

PAGE of CUPS.

KNIGHT of CUPS.

QUEEN of CUPS.

KING of CUPS.

제 5 장

마이너 아르카나:
컵

· ·

타로 카드의 네 개의 슈트는 4원소(물, 공기,
불, 흙)의 여정을 보여준다. 컵은 물의 속성을 가지고
있으며 물 속성의 별자리인 게자리, 전갈자리,
물고기자리와 관련 있다. 컵은 감정, 느낌, 사랑,
통찰력을 상징한다. 에이스 컵으로 시작해 핍카드,
코트카드에 이르기까지 컵 카드의 의미를 모두
알아보자. 컵이 감정, 느낌, 사랑과 연관되어 있음을
쉽게 기억하려면 컵이 들어간 표현을 생각해보면
된다. '내 잔이 넘쳐흐른다(나의 필요와 욕구를 충족할
만큼 충분히 가지고 있다.)' '비어 있는 잔으로는 아무것도
따를 수 없다(다른 사람을 돌보기 위해서는 먼저 자신을
돌봐야 한다.)' '컵에 물이 반 밖에 없는지?
아니면 반이나 차 있는지?(동일한 상황을 낙관적으로
보는지 비관적으로 보는지 가늠하는 기준)'

· ·

에이스 컵 *ACE of CUPS*

'새로운 사랑'이라는 선물을 받을
것이다. 행운의 선물을 기쁘게 받으라.

....

에이스 컵 카드는 시작하는 관계를 의미
한다. 이는 새로운 사랑일 수도 있고, 이전
과는 다른 방식으로 타인과 감정의 교류
를 갖는다는 의미일 수도 있다. 구름 뒤에
서 나타난 신성한 손은 금으로 된 성배를
건넨다. 성배에서는 다섯 갈래의 물줄기가
쏟아지며 활짝 핀 수련 연못으로 흘러간
다. 이 물줄기로 인해 우리의 삶에는 다양
한 변화가 찾아올 것이다. 흰 비둘기는 평
화를 상징한다. 비둘기의 입에 물려 있는
성찬식의 밀반죽 성체는 우리가 신성한 힘
과 소통할 수 있다는 것을 의미한다.

정방향 키워드
새로운 사랑, 감정적 유대, 관계

역방향 키워드
감정의 고갈이나 왜곡, 실망, 낙담, 기대에
어긋남

수비학
1, 새로운 시작, 개인적

일반적 의미

신이 우리에게 주고 싶은 선물은 '사랑'이다. '사랑'은 우리의 삶 속에 다양한 형태로 나타날 수 있다. 스스로를 한층 더 사랑하게 되거나, 혹은 다시 소중한 인연을 만날 수도 있다. 아니면 우리의 삶에 애정과 평안과 행복을 가져다 줄 기회가 올 수도 있다. 마음을 열고 이 선물을 받으라. 이것이 바로 나를 위한 선물이다.

사랑/연애

새로운 사랑이 가까이 다가오고 있다. 나 자신을 아끼고 사랑하는데 마음을 쏟으면 삶에 더 많은 기회가 찾아올 것이다. 이미 사랑하는 사람이 있다면 현재 관계 안에서 새롭게 사랑스러운 감정을 느낄 수 있을 것이다. 또한 에이스 컵 카드는 임신 소식이나 머지않아 아기가 태어난다는 의미이기도 하다.

직업/금전

곧 새로운 일자리나 기회가 생긴다. 그로 인해 자신감을 갖게 될 것이다. 현재 하고 있는 일에 새로운 열정이 솟아날 수도 있다. 더 창의적으로 생각하고 행동하다 보면 돈을 벌 수 있는 기회가 찾아온다.

정서/심리

자신을 더 사랑하라. 시간을 내어 자신을 돌볼 수 있어야 한다. 그래야만 성장하고 성숙할 수 있는 삶의 기회 혹은 자극이 찾아온다. 머지않아 더 열정적으로 스스로를 이해하고 실현할 수 있는 삶의 동력을 경험하게 될 것이다.

역방향

심리적으로 공허하고 감정적으로 고갈되었다는 의미이다. 이제부터 자신을 돌봐야 한다는 신호이다. 뜻대로 되지 않는 인간관계로 인해 크게 상심했다는 의미를 나타내기도 한다. 에이스 컵 카드가 역방향으로 나왔다면 자신의 마음을 들여다보라. 건강한 감정이 들 때까지 마음을 단련해야 한다.

저널쓰기 ••••••••••••••••••••••

→ 에이스 컵 카드가 나에게 지금 전달하고 있는 선물은 무엇일까?

컵 *2*

두 사람이 만나 서로를 아끼고
보살피며 조화를 이룬다.

컵 2카드는 현 상태에서 더 진지한 관계
로 발전할 준비가 되었음을 알려준다. 카
드에는 고위 여사제와 바보를 연상시키는
두 인물이 서로의 눈을 바라보며 컵을 교
환하고 있다. 두 인물 사이에는 날개달린
사자가 헤르메스 지팡이 위에 앉아 있다.
사자는 강렬한 열정과 상대를 보호한다는
것을 상징하며, 헤르메스의 지팡이는 균형
있는 소통과 이해를 통한 이상적인 관계를
떠올리게 한다. 두 인물이 머리에 쓰고 있
는 화관은 조화로운 관계를 의미한다. 이
들은 인생의 난관을 극복한 후 찾아드는 삶
의 기쁨을 표현하고 있다. 멀리 보이는 집
은 평온한 가정생활이 지속되고 있음을 보
여준다.

정방향 키워드
연인 또는 배우자 관계, 합일, 협력, 화합,
조화

역방향 키워드
부조화, 불화나 이별, 분열, 관계의 단절

수비학
2, 동반자 관계, 동등함

일반적 의미

서로 매력을 느끼며 감정을 공유하고 있다. 단순히 육체적 매력을 넘어서서 정신적으로 깊은 유대감을 나누고 있는 이상적인 관계라 할 수 있다. 이러한 관계가 어떤 형태로 드러나든 서로 보살피고 베풀며 사랑을 주고 사랑을 받기도 하는 동등한 관계를 이어나갈 수 있다.

사랑/연애

새롭고 멋진 사랑이 이제 막 시작되는 시점이다. 지금 사랑하는 사람이 있다면 서로 애정을 주고받으며 지지해주는, 정서적으로 충만한 상태에 있다.

직업/금전

새롭게 동업 관계를 맺거나 새로운 일을 시작할 기회가 곧 생긴다. 현재 하고 있는 사업이나 다니고 있는 직장에서 서로 베풀고 받는 관계를 경험하거나 혹은 함께 일하는 직장 동료나 사업 파트너에게 뜻하지 않은 호의를 받게 된다.

정서/심리

진지하게 스스로를 탐구하라. 새로운 취미를 발견하고 그것에 집중하는 것도 좋다. 그 과정에서 서로를 믿고 이해해주는 인연이나 기회를 찾을 수도 있다. 내가 지금 맺고 있는 인간관계 안에서 애정 어린 지지를 받고 있다.

역방향

현재 맺고 있는 관계의 균형이 깨지거나 화합하지 못하고 있음을 알려준다. 이미 이별을 했거나 헤어질 것을 고민하고 있을 수도 있다. 이별은 언제나 힘들고 고통스럽다. 하지만 현재 자신을 힘들게 하는 인간관계는 단호하게 거부하라. 천천히 마음을 가다듬으며 더 진실하고 충만한 관계를 기대해 보자.

저널쓰기

→ 컵 2 카드에서 서로 주고받는 것은 무엇일까? 자신이 주거나 받고 싶은 게 있다면 그것은 무엇인가?

컵 *3*

소중한 사람들과 기쁜 마음으로 축배를 들라. 영혼을 고양시키는 데 이보다 좋은 것은 없다.

컵 3 카드는 차고 넘치는 기쁨을 나타낸다. 세 명의 여성이 정원에서 함께 춤을 추며 축배를 들고 있다. 이는 우정이나 친목 관계에서 함께 하며 만족하는 삶의 모든 즐거움을 보여준다. 무성하게 자란 초목은, 지금 이 순간, 삶이 즐겁다는 의미이다. 세 명의 여성은 소중한 인연과 풍요롭고 창조적인 삶을 상징한다.

정방향 키워드
축하, 친목, 연대감, 일체감, 찬사

역방향 키워드
감정적 고갈 상태, 지나친 쾌락 추구나 중독, 방임

수비학
3, 공동체, 교제와 친목, 창의성

일반적 의미

친구나 가족과의 관계에 집중하면서 더 기쁘고 즐거운 시간을 보낼 것. 지금 여러 사람들과 만나는 것은 스트레스를 해소하는 데 큰 도움을 줄 수 있다. 나를 지지하고 북돋아주며 내게 영감을 주는 사람들을 곁에 두고, 풍요로운 삶의 기쁨을 누릴 수 있는 활동에 몰입해 보자.

사랑/연애

친구를 통해 연인을 만날 수 있다. 혹은 자신이 좋아하고 즐거워하는 일을 하다 보면 사랑이 저절로 찾아올 것이다. 이미 사랑하는 사람이 있다면 상대방과 함께 어울릴 수 있는 사람들과 교제하며 즐거운 시간을 갖자.

직업/금전

지금은 사람들과 협력을 해야 할 때이다. 나를 지지해주는 팀이 있다는 것을 알아야 한다. 공감해주는 사람이 배후에 있다면 걱정 없이 새로운 프로젝트나 사업을 추진할 수 있을 것이다. 동료들과 더 돈독한 관계를 맺고 현재 종사하는 사업에 관련된 사람들과 우정을 나누다 보면 새로운 기회가 찾아오게 된다.

정서/심리

성장하기 위해서는 마음이 맞는 진심어린 친구들이 꼭 필요하다. 서로 믿고 마음을 나눌 수 있는 인연에 집중하라. 지금 가장 필요한 것은 진정한 친구나 사랑하는 가족들과 소중한 시간을 보내는 것이다.

역방향

무의미한 작업이나 불필요한 인간관계에 너무 많은 시간을 허비하고 있다. 사람들과 지나치게 자주 어울리다 보니 삶의 활력이 바닥난 상태이다. 우정이 깨지거나 험담이나 뜬소문 혹은 선을 넘는 관계에 매몰될 수 있다. 때로는 외도를 의미하기도 한다. 겉도는 인간관계에서 벗어나 진실한 생각과 느낌을 찾아가야 한다.

저널쓰기 ·····················

→ 나는 지금 공동체 속에서, 누구와 어떤 의미의 우정을 맺고 있는가?
   나 스스로는 얼마나 창의적으로 살아가고 있는가?

컵 4

과거를 되돌아봐도 미래는 보이지
않는다. 하지만 삶의 기회는 도처에
널려 있다. 시선을 조금만 다른
곳으로 돌릴 수 있다면.

....

컵 4 카드에서는 권태롭고 침체된 분위기
가 느껴진다. 한 청년이 나무 아래 앉아 있
고 신성한 손이 구름에서 나와 그에게 컵
하나를 내민다. 컵은 바로 그의 눈 앞에 있
지만 그는 시선을 아래에 둔 채 자기 앞에
놓여 있는 세 개의 컵만 바라본다. 팔짱을
낀 그의 자세는 더 이상 아무 것도 수용하
고 싶지 않다는 태도이다. 이는 앞으로 그
어떤 위험도 감수하고 싶지 않기 때문이다.
그는 현재 자신이 가진 세 개의 컵에 너무
집착하여 눈부신 새로운 기회를 전혀 보
지 못하고 있다. 세 개의 컵은 과거를 의미
한다. 어떤 식으로든 미완성으로 남아 만
족하지 못한 삶의 경험과 시간인 것이다.
그림 속 청년은 완전한 삶의 실현을 바라
지만 지금 당장 무엇을 어찌해야 할지 전
혀 모르고 있다.

정방향 키워드
냉담, 무감동, 무관심, 정체, 침체

역방향 키워드
변화를 거부, 침울한 기분, 불쾌함

수비학
4, 삶의 재정비, 관점의 수정

일반적 의미

과거에 상처를 받았거나 실망한 적이 있는 사람은 자신의 태도를 바꾸고 관점을 달리하여 새로운 결실을 기대하는 것이 쉽지 않다. 앞으로의 경험이 결국 과거를 반복하는 것은 아닌지, 이제 아무 것도 기대하지 않고 살아야 하는 건 아닌지 의심스러울 뿐이다. 컵 4 카드는 우리에게 이런 의심과 질문을 던진다. 감정과 물은 자연스럽게 흘러야 하는데, 감정의 에너지가 흐르지 못하고 막혀 있다. 혹시 상처 받지는 않을까 걱정하며 마음의 문을 닫아 버린 채 삶의 기회와 변화에 무감각해지고 있다.

사랑/연애

새로운 사랑이 찾아올 수 있다. 과거에 집착하지 말고 미래의 무한한 가능성에 주목하라. 과거의 연인이나 관계에 매몰되면 내 주변에 서서히 나타날 새로운 인연을 알아보지 못한다. 이는 현재의 연인에게도 적용된다. 두렵더라도 마음을 열어 두어야 한다. 지금이야말로 새로운 인연을 만들어 나가야 할 때이다.

직업/금전

자신의 구태의연한 사고방식에 직면한다. 자기 이해나 탐구의 노력을 하더라도 별 성과가 없다는 것을 깨닫게 된다. 하지만 기존의 입장이나 태도에서 벗어나 완전히 새로운 무언가를 받아들일 노력을 해야 한다. 과거에 연연하지 않고 다시 시작한다면 기회는 저절로 찾아올 것이다.

역방향

역방향과 정방향의 의미가 크게 다르지 않지만, 역방향의 경우 과거에 대한 집착이 좀 더 강하다는 것을 나타낸다. 과거를 떠올리며 지나간 이야기를 되풀이 한다해도 현재의 불만은 해소될 수 없다. 현실이 바뀌기만을 막연히 기대하지 말고 나의 생각과 태도를 먼저 바꿔야 한다.

저널쓰기 ••••••••••••••••••••••••••••

→ 청년은 왜 자기 앞에 나타난 컵을 거부하는 것일까? 현재 내가 거부하고 있는 인생의 기회나 사건이 있는지 생각해보라.

컵 5

이미 엎질러진 물, 후회해도 아무 소용없다. 우울한 마음이 들더라도 회피하지 말고 운명을 받아들이자.

길고 헐거운 검은색 옷을 입은 한 인물이 애통한 심정으로 고개를 푹 숙이고 있다. 그 앞의 엎질러진 컵은 상심, 비탄, 슬픔을 암시한다. 저 멀리 건물과 나무는 흐르는 강물로 인해 카드 속 인물과 거리를 두고 있다. 이 물리적 고립감은 심리적 거리감을 자아낸다. 그의 등 뒤로는 두 개의 컵이 똑바로 놓여 있고 가려진 다리의 모습이 멀리 보인다. 고개를 돌려 뒤를 바라본다면 그가 모든 것을 상실한 것은 아님을 알 수 있을 것이다. 땅 위에는 바로 놓인 컵이 두 개 남아 있다. 현실의 세계로 돌아갈 수 있는 방법은 있다. 돌아가는 길은 오랜 시간이 걸리겠지만 그는 결국 그곳에 다다를 것이다.

정방향 키워드
비통한 심정, 슬픈 마음, 큰 고뇌, 비애

역방향 키워드
희망의 조짐, 새로운 출발, 전진

수비학
5, 시련, 힘겨운 노력

일반적 의미

컵 5 카드는 슬픔과 실망스러운 감정을 인정하라고 말해 준다. 하염없이 울며 슬픔을 떨쳐 버려라! 충분히 슬퍼하고 그 슬픔을 떨쳐 내려면 시간이 걸리겠지만 그 상태가 영원히 지속되지는 않는다. 어두운 길에서 벗어나 다시 기쁘게 인연을 이어가고 만족하는 법을 배운다면 두 개의 컵에 희망은 채워질 것이다. 언제나 탈출구는 있다.

사랑/연애

현재의 연인에게 실망이나 슬픔을 느낄 수 있다. 연인과의 불화나 이별로 인해 고통스러운 감정에 시달릴 수도 있다. 이별이나 상실을 경험했다면 충분히 슬퍼하고 애도한 후에 새로운 연인을 기대하라. 희망은 언제나 존재한다.

직업/금전

일이나 사업이 뜻대로 되지 않아 업무적으로나 금전적으로 손해를 봤다는 생각에 괴롭다. 실망감이 나를 짓누르지만 오히려 이런 감정이 하나의 전환점이 될 수 있다. 새로운 방식으로 경력이 진행되거나 새로운 동업 관계를 맺을 수 있다.

정서/심리

감정적으로 성장하기 위해서는 충분히 슬퍼한 후에 그 슬픔을 떨쳐낼 시간이 필요하다. 고립·슬픔·우울과 같은 감정은 있는 그대로 받아들인 후, 깊이 체험하고 연민으로 관대하게 다스릴 수 있어야 한다. 무엇보다 인내심이 중요하다.

역방향

희망의 조짐이 보인다. 처한 상황을 감내하며 이제 막 한 고비를 넘긴 것이다. 희망의 조짐을 알아채고 현실을 있는 그대로 바라보면 그간의 상처가 치유될 것이다. 한층 더 성장한 나의 모습을 기대하라.

저널쓰기 ••••••••••••••••••••

→ 나는 언제 컵 5가 상징하는 슬프고 고달픈 순간을 경험했는가?

컵 6

서로 지지하고 보살피며 편안하다.

슬픔과 시련을 나타내는 컵 5 카드를 지나 이제 조화로운 활력을 상징하는 컵 6 카드에 도착했다. 소녀와 소년은 햇살 가득한 노란색 마을의 한 복판에서 노는 것처럼 보인다. 소년은 흰 꽃이 가득 든 컵을 소녀에게 건넨다. 두 아이는 흰 꽃이 담긴 컵들에 둘러싸여 있는데, 이는 순수한 감정 상태를 의미한다. 엉뚱한 복장의 아이들이 천진난만하고 생기 어리게 노는 모습은 어린 시절 내가 자란 동네의 아늑한 추억을 불러일으킨다. 저 멀리 창을 든 인물은 재미있게 노는 아이들을 보호하는 것처럼 보인다. 아이들은 안전하고 아무 걱정이 없다.

정방향 키워드

조화, 화합, 융화, 균형, 애정 어린 추억, 기억, 회상

역방향 키워드

과거에 대한 향수, 집착, 과거 속에 정체된 삶

수비학

6, 조화, 상호배려

일반적 의미

안정감을 느끼고 걱정, 근심 없이 편안하던 시절을 떠올리게 한다. 아이가 있다면 아이와 함께 행복한 시간을 보내거나, 과거에 행복했던 추억이나 인연을 다시 떠올려 보면 이 카드의 의미를 생생하게 경험할 수 있다. 가족처럼 편안한 오랜 친구나 지인들과 즐거운 시간을 보내자. 어린 시절에 느꼈던 기쁨을 다시 떠올릴 수 있다면 좋을 것이다. 다시 말해 자신을 격려하고 아껴 주던 사람이나 그것을 연상시키는 추억을 통해, 지금 이 순간이 인생의 가장 소중한 시간임을 배워야 한다.

사랑/연애

현재 편안하고 익숙한 사랑을 하며 서로 아껴 주는 애정어린 관계를 유지하고 있다. 그는 연인일 수도 있고 아이일 수도 있다. 연인이 있다면 지금이야말로 가족에게 소개할 수 있는 최적의 순간이다. 지금 사랑하는 사람이 없다 해도 과거를 터놓고 이야기할 수 있는 사람을 만나게 될 것이다.

직업/금전

아이들과 함께하면 더욱 기쁨을 느낀다. 가족의 지지를 받거나, 직장 동료가 가족처럼 느껴지는 상황에서 일에 집중하면 더 나은 성과를 낼 수 있다. 일터에서 서로 화합하고 격려하는 분위기를 만들도록 노력해야 한다.

정서/심리

아이와 함께 시간을 보내거나 과거의 행복했던 추억이나 인연을 떠올리다보면 새로운 삶의 활력을 얻을 수 있다. 즐거운 마음과 사랑으로 무탈한 삶의 경지를 경험하게 된다. 오랜 친구나 가족처럼 편안한 지인들과 어울릴 수 있는 시간을 만들어 보자.

역방향

지나간 과거에 지나치게 집착하고 있거나 현재의 삶이 과거보다 못하다는 불만에 사로잡혀 있다. 자신 앞에 펼쳐질 기회나 가능성은 외면한 채 예전 그대로의 상황이기만을 바라고 있지는 않은가?

저널쓰기 ···

→ 컵 6 카드 속의 인물이나 이미지를 보면 어떤 기억이 떠오르는가?

컵 7

꿈을 실현하기 위해서는 꿈꾸는 법을 알아야 한다. 마음대로 행동하기에 앞서 자신의 선택지를 명확히 하고 계획을 분명하게 세워라.

컵 카드 7에는 무한한 가능성이 담겨 있다. 에이스 컵과 컵 4에서 본 것처럼 컵 7 속의 인물은 구름 속에서 나타난 일곱 개의 컵을 보며 넋이 나가 있다. 이 컵들은 과연 신이 주신 선물일까? 아니면 카드 속 인물이 꿈꾸는 부질없는 공상에 불과한 걸까? 컵에는 각기 다른 일곱 가지의 꿈인 재산·성공·사랑·지혜·열정·환상·능력이 담겨 있다. 꿈을 실현하기 위해 치러야 할 대가와 필요한 모든 것들에 대해 신중하게 생각해 보아야 한다.

정방향 키워드
가능성, 잠재성, 희망, 기회, 공상, 몽상, 백일몽

역방향 키워드
환상(착각), 혼란, 혼동, 애매모호

수비학
7, 계획, 숙고

일반적 의미

컵 7이 보여주는 꿈들은 아직 실현되지 않은 꿈이다. 모든 꿈은 실현되기에 앞서 강력한 잠재력으로 존재한다. 여러분은 과연 어떤 꿈을 가진 컵에 관심이 가는가? 자신의 속마음을 솔직하게 바라보고 모든 가능성을 세심하게 고려한다면, 자신에게 가장 잘 맞는 꿈을 발견할 수 있을 것이다.

사랑/연애

애정 관계에 있어 고민거리와 선택지가 너무 많아 마음이 번잡할 수 있다. 자신이 진정 원하는 것이 무엇인지를 명확히 이해해야 한다. 컵 7 카드는 내가 원하는 사랑을 이룰 수 있는 카드이다. 하지만 그렇게 되기 위해서는 상대방에게 내가 진정 원하는 관계가 무엇인지를 분명히 말해야 한다.

직업/금전

거창한 아이디어가 너무 많다. 미래에 대한 꿈과 영감은 원하는 직업과 경력을 쌓기 위한 첫 걸음에 불과하다. 그 중 하나에만 집중하라. 그리고 자신의 진실한 생각을 가다듬고 이후에 무엇을 해야 할지 결정하라. 직업적으로 혹은 사업상 어떠한 제안이 들어올 경우, 그것이 진짜 나에게 꼭 필요한 것인지 잘 따져 봐야 한다.

정서/심리

시간을 내어 자신의 꿈이나 계획을 들여다보라. 자신이 꿈꾸는 내용을 머릿속에서 선명한 이미지로 떠올려 보거나, 이루어 내기 위한 구체적인 절차를 따져 보면서 계획을 명확하게 그려보자. 평소 자기 자신에 대해 탐구하는 노력을 기울여야 무슨 일이든 용이하게 판단할 수 있다. 그렇게 결정하는 힘이 있으면 언제든 마음이 원하는 것을 선택하고 행동에 나설 수 있을 것이다.

역방향

주로 겉모습에 속거나 막연한 생각이나 감정에 현혹되고 있다. 믿을 수 없을 만큼 갑자기 마음에 드는 생각이나 감정이 든다면 더욱 조심해야 한다. 설레거나 흥분되는 극단적인 감정에 매몰되어서는 안 된다. 극적인 흥분은 금세 사라지기 마련이다. 어떤 일이든 주변 상황을 냉정하게 따져 보고 신중하게 행동해야 한다.

저널쓰기
→ 내가 꼭 실현시키고 싶은 꿈이나 계획은 어떤 것이 있는가?

컵 8

'이만하면 됐다'고 속단하기는 이르다. 마음만 먹는다면 더 최상의 선택지가 기다리고 있다.

....

힘겹게 환상에서 깨어났다. 말뿐인 약속, 허황된 전망에서 벗어난 것이다. 컵 8 카드는 현실과 이상이 충돌하는 고단한 삶에서 이제 벗어날 준비가 되었다고 말해준다. 의식적 자아를 상징하는 그믐달과, 직관적 자아를 상징하는 조심스러운 표정의 태양 아래, 여덟 개의 컵을 뒤로 하고 떠나는 인물이 보인다. 그는 붉은 색의 늘어진 옷과 같은 색의 부츠를 신고 있다. 이는 세속적 욕망에 사로잡힌 열정을 상징한다. 그는 컵의 모든 내용을 경험해 보았다. 하지만 만족할 만한 컵은 없었기에 더 진실한 삶의 의미를 찾아 길을 떠나기로 한다. 그는 지팡이를 짚은 채 강가를 따라 걷고 있다. 은둔자 카드에서처럼 지팡이는 힘과 능력을 의미한다. 또한 강은 직관과 감정을 나타낸다. 어둠 속에서 걸음은 더디고 느리겠지만 그는 달빛을 보며, 길을 잃지 않고 똑바로 걸어간다.

정방향 키워드
떠남, 나아감, 전진

역방향 키워드
얽매임(각박하고 힘겨운 삶), 변화를 회피

수비학
8, 진전, 변화

일반적 의미

인생에서 무언가 놓쳤다는 생각이 든다면 현실에 안주하지 말고 그것을 찾아 과감히 떠나라. 자신이 놓치고 있는 것이 무엇인지 정확히 알 수 없어도 마음이 이끄는 대로 자신의 직관을 따라 나서야 한다. 떠나기에 앞서 과거 자신이 좋아했던 사람이나 행동, 습관 혹은 사물이나 장소 등은 내려놓아야 한다. 익숙한 것과의 이별은 한동안 고통스러울 수 있다. 하지만 버리지 못한 것들로 인해 무의미한 상황에 오랫동안 갇혀 지내서는 안 된다. 내면의 목소리를 따라 과감히 행동하라.

사랑/연애

그저 무의미할 뿐인 관계이다. 더 이상은 지속되기 힘든 상황에 놓여 있다. 사랑하는 사이에 도움이 되지 않는 행동이나 습관은 버려야 한다. 또한 서로의 관계가 건강하지 못한 것 같다면 고통스럽더라도 정리하기 위해 노력해야 한다.

직업/금전

더 이상 성취감을 느낄 수 없는 직업이나 경력은 미련없이 그만 둘 필요가 있다. 이미 오래 전에 마음이 떠난 것이다. 자신의 목표나 열망에 부합하지 않는 일을 하고 있다면 이제 그만 포기하라.

정서/심리

자신의 신념이나 삶의 목표와 어긋나는 우정 혹은 기타의 인간관계로부터 벗어날 때이다. 힘겨울 수 있지만 지금 벗어나야만 한다. 여행이나 명상, 자기 발견을 위한 다양한 활동에 집중하라. 노력하여 더 깊은 삶의 의미를 찾아 나서야 한다.

역방향

오랫동안 무의미한 인간관계나 직장생활 혹은 무익한 생활 습관에 갇혀 지내 왔다. 변화가 익숙하지 않더라도 이제는 과거를 떠나야 할 시점이다. 나에게는 더 나은 선택지가 기다리고 있다. 확실치 않아 보이더라도 이를 믿고 행동에 나서라.

저널쓰기

→ 카드 속 인물은 자신에게 익숙한 컵을 뒤에 남겨 두고 떠나고 있다. 그는 어떤 심정일까? 나에게도 이런 심정이었던 사건이나 경험이 있는가?

컵 9

감사의 마음을 가지면 성공의 흐름을 탈 수 있다. 마찬가지로 이제 느긋하게 자신이 일구어 낸 풍요를 마음껏 즐겨 보자.

....

풍족한 삶, 물질적 성공, 심신의 안정과 같은 편안한 분위기가 느껴진다. 스스로 뿌듯해 하는 한 남성이 팔짱을 낀 채 앉아 있고, 그 뒤로는 아홉 개의 컵이 자랑스러운 트로피마냥 진열되어 있다. 그는 이 컵들을 얻기 위해 부단히 노력했다. 그리고 컵 아래 파란색의 장막이 상징하듯 자신의 성공에 매우 흡족해 하고 있다. 아홉 개의 컵은 앞서 등장했던 모든 카드의 활력을 지니고 있으며 이는 각 카드가 주는 교훈을 온전히 경험했음을 의미한다. 컵 9 카드는 흔히 '소원 성취 카드'로도 불린다. 이 카드가 나오면 자신의 꿈이 성취되거나 그간의 노력이 결실을 거둔다고 해석된다.

정방향 키워드
만족과 충만, 흡족, 윤택, 풍요로움

역방향 키워드
지나친 자기만족, 거만한 태도, 오만, 건방짐

수비학
9, 완성에 근접한 상황, 고독

일반적 의미

지금껏 자신이 노력해 온 성과를 느긋하게 즐기거나, 자신이 거둔 성공을 소중히 생각하라는 의미. 그간 열정과 노력으로 열심히 살아 왔기에 이제는 풍요로운 삶이 이어지게 되어 있다. 이 행복한 삶의 순간을 만끽하고, 다른 사람들과 이 행운을 나눈다면 그 역시 자신의 덕으로 돌아올 것이다.

사랑/연애

기존의 관계는 물론 이제 막 시작한 관계에서도 색다른 행복과 친밀감을 느끼게 된다. 상대는 현재의 관계에서도 만족하고 충분히 행복해하지만 점점 더 당신에게 매료되고 있다. 좀 더 진지한 관계를 기대해 보자. 두 사람 사이에 사랑과 행복이 충만하다.

직업/금전

프로젝트가 거의 마무리 단계에 접어들었다. 새로운 사업 구상은 조금 뒤에 하고 우선은 축배를 들라. 업무 성과를 인정받을 수 있으며, 승진 가능성도 아주 높다. 나의 직관에 따라 떠오르는 생각이나 계획에 집중하면 지금보다 더 나은 성공을 이루어 낼 수 있을 것이다.

정서/심리

건강은 점차 회복되고 있으며 감정적으로도 행복과 기쁨으로 충만하다. 소원을 빌고 그 소원을 실현하려면 늘 자신의 직관을 따라가야 한다. 컵 9 카드는 삶의 다양한 차원에서 풍요와 만족을 경험할 수 있을 거라 말해 준다.

역방향

자신의 업적을 두고 오만한 태도를 보이고 있지 않은가? 혹은 자신이 거둔 성공을 늘 확인하고 인정받고 싶은 태도가 엿보인다. 현재의 행복과 성공에 지나치게 열중하고 있다. 생활의 절제가 필요하다. 부족함 없는 삶을 만끽할 수 있으려면 항상 감사하고 너그러운 마음으로 베풀 줄 알아야 한다.

저널쓰기

→ 자신의 노력으로 이룬 업적 중에 남들에게 인정 받을 만한 것이 있는가?

컵 *10*

정서적 만족감이 절정에 이르고 나면,
다시 새로운 삶의 모험으로 나아갈
수 있다.

....

인생의 한 국면이 완성되어 서로 자축하
고 있다. 이는 절정에 이른 정서적 만족감
을 의미한다. 부부가 다정하게 안으며 무
지개와 함께 놓여 있는 빛나는 열 개의 컵
을 맞이하고 있다. 아이들은 그 곁에서 춤
을 추고 있다. 강은 무성한 초원을 따라 언
덕 위 집까지 이어지며 흐른다. 가족의 사
랑, 행복한 가정, 편안한 집까지 어느 하나
부족한 것이 없어 보인다. 그저 자신들의
풍요로운 삶에 만족하고 감사할 따름이다.

정방향 키워드
행복, 충만, 기쁨, 유쾌, 행운, 성취감,
실현

역방향 키워드
불화, 갈등, 부조화

수비학
10, 순환의 완성

일반적 의미

우리가 사는 동안 정서적으로 충만한 느낌을 갖는 시기는 개인마다 다르다. 나는 삶의 어느 단계에서 정서적 만족감을 느꼈는지 살펴보라. 행복한 가정이나 가족과 같은 모임, 공동체 등에 속해 있을 때 우리는 새삼 그런 충만한 감정을 느낄 수 있다. 컵 10 카드는 사랑과 성공을 바탕으로 한가하고 만족스러운 삶, 감사한 마음이 우러나오는 삶의 풍경을 보여준다.

사랑/연애

이미 서로 사랑하고 존중하는 관계이다. 더 나은 삶을 위해서는 서로를 더욱 지지하고 격려할 필요가 있다. 지금은 자녀와의 관계 등 가정의 행복이 가장 중요한 문제이다. 또 다른 의미로 혹시 이전의 배우자와 자녀를 함께 양육하는 상황이라면 서로 갈등이나 오해의 소지 없이 잘 지내야 할 필요가 있다.

직업/금전

직장과 가정이 균형을 이루며 아주 원만하게 지내고 있는 상황이다. 친밀한 직장 동료로부터 지지나 조언을 받는다면 유쾌하게 받아들이라. 자기만의 사업을 시작하거나 경력에 긍정적인 변화를 주고 싶다면, 늘 가족과 주변 사람들이 나의 결정을 지지하고 있다는 사실을 기억하라.

정서/심리

한참 힘들었던 가정 문제가 이제 막 해결되고 있는 상황이다. 곧 가족들이 모이며 그간의 관계가 더 돈독해질 것이다. 삶의 질이 전반적으로 회복되며 이 세상이 그지없이 편안하다는 생각이 든다. 마음껏 느끼고 즐기라. 그리고 가족같이 편한 지인들을 만나 인생을 자축할 수 있는 시간을 꼭 가져 보자. 자신이 좋아하는 일을 하는 중이라면 혼자여도 좋다. 직업이나 사랑 어느 쪽이든, 당신은 이미 인생의 지표가 될 만한 순간에 가까이 와 있다. 머지않아 이전보다 더 안정된 인생의 궤도로 올라서게 될 것이다.

역방향

안정된 생활, 야심찬 인생 목표, 화목한 가족 관계 등이 방해받거나 지체되고 있는 상황을 의미한다. 연인이나 배우자 혹은 가족과의 불화나 관계의 단절도 이에 해당한다. 하지만 모든 역방향 카드가 그렇듯 이런 상황을 반전시킬 기회는 언제나 있다. 인내심을 갖고 마음에 귀를 기울이면 다시 관계를 회복할 수 있다.

저널쓰기

→ 나에게 정서적 만족감을 주는 대상이나 사람이 있는가? 혹은 그런 순간은 언제인가?

PAGE of CUPS.

컵의 시종 *PAGE*

사랑의 메신저가 반가운 소식을 전해 준다. 이 낯설고 새로운 감정을 받아들이자.

....

흙은 시종이 자연에 적응해서 현실적 안정감을 갖춘 존재라는 점을 의미한다. 컵 카드 속의 시종은 물이 상징하는 사랑과 풍부하고 유동적인 감정을 대변한다.

타로 카드에 등장하는 시종은 소식을 전하는 메신저messenger로 볼 수 있다. 컵의 시종에서 느껴지는 청년의 활력은 유년이나 청소년기의 시절을 떠오르게 하는데, 이는 우리에게 즐겁고 유쾌하게 살도록 당부하는 메시지일 수도 있다. 젊은 시종은 화려한 꽃무늬의 옷을 입고 머리에는 스카프를 늘어뜨리고 있다. 허리춤에 손을 얹고 컵 속의 물고기를 흥미로운 표정으로 쳐다보고 있는데, 시종과 물고기는 서로에게 끌리는 듯 신비하고 유쾌한 분위기를 자아낸다. 시종은 땅을 밟고 서 있고 뒤로는 강물이 흐르는데, 이는 흙과 물이라는 두 가지 원소의 결합을 잘 보여준다.

정방향 키워드
재미, 사랑의 메시지, 흥미와 쾌활, 자신과 타인의 감정을 헤아리는 능력

역방향 키워드
미성숙, 미완성, 철부지, 과민한 반응

원소 결합
흙X물

일반적 의미

컵의 시종은 자신의 신분에 맞게 스스로를 표현하는데 거리낌이 없다. 자신이나 타인의 감정을 잘 이해하고 이에 따라 자신의 감정을 적극적으로 표현하라는 메시지를 던지는 것이기도 하다. 카드 속 인물을 다른 사람으로 볼 수도 있지만 자기 자신으로 보아도 무방하다. 마음을 열고 뜻밖의 소식을 받아들여라. 그것은 나의 내면의 목소리일 수도 있다.

사랑/연애

새로운 사랑의 소식이 들려온다. 마음이 들뜨고 연애 감정이 솟아난다면 상대방과 그 느낌을 공유해보라. 좀 더 색다른 방식의 연애를 고민하고, 다양하고 재밌는 체험을 이어가면서 연애의 즐거움을 만끽하는데 집중해야 한다.

직업/금전

주목할 만한 기회가 새롭게 등장한다. 서둘러서는 안 되지만 마음에 드는 기회를 놓쳐서도 안 된다. 금전적으로 여유를 찾게 된다. 간혹 서툰 업무 처리로 낙심할 수도 있지만 다시 어느새 자신감을 찾게 되어 있다. 늘 초심을 유지한다면 업무 부담감 같은 것은 생각할 겨를이 없을 것이다.

정서/심리

자기 내면의 기쁨을 발견하기 위해서는 늘 재밌는 생각과 말과 행동으로 나 스스로를 표현할 수 있어야 한다. 어떤 소식을 접하더라도 직관에 따라 행동하고 지금 삶 속에 떠오르는 영감을 믿고 따르라. 새롭고 독창적인 사업이나 과제를 시작할 예정이라면 늘 어린아이 같은 강렬한 호기심을 발휘해야 한다. 사사로운 순간에도 늘 경외감을 잃지 말자.

역방향

자신의 감정이나 생각을 제대로 표현할 수 없는 상태이다. 삶을 너무 심각하게 생각하다 보니 지금 이 순간의 기쁨이나 즐거움을 온전히 누리지 못하고 늘 과거나 미래에 시선이 고정되어 있다. 또는 다른 사람의 생각이나 감정에 좀 더 신경을 쓰라는 메시지를 주기도 한다. 최근 경솔하고 미숙한 말이나 행동을 한 적은 없는가? 아니면 지나치게 자기 입장에서만 생각하고 행동한 것은 아닌가?

저널쓰기

→ 하염없이 반복되는 일상을 좀 더 흥미롭고 다채롭게 만들 수 있는 방법은 무엇일까?

KNIGHT of CUPS.

© 1971, 2010 USGAMES

컵의
기사 *KNIGHT*

누군가를 사랑한다면 곧 좋은 결과를 기대할 수 있다. 하지만 그 사랑이 오래 지속될 수 있는지는 미지수이다. 꾸준한 마음만이 원하는 바를 이루어 낼 수 있다.

공기는 기사가 상대와의 교감을 중시하고 정신세계에 관심이 있음을 의미한다. 컵 카드 속의 기사는 물이 상징하는 사랑과 풍부하고 유동적인 감정을 대변한다.

백마를 타고 있는 기사는 상대에게 줄 선물을 찾아 먼 길을 떠났었다. 숭고한 여정을 마치고 이제 막 돌아온 기사는 자랑스럽게 소중한 컵을 바치려고 한다. 그가 쓴 투구와 신발에 달린 날개 장식은 공기의 원소와 관련되고, 그가 들고 있는 컵은 물의 원소와 연결된다. 백마는 기사가 원정을 나갔다 돌아오는데 걸리는 시간과 속도를 의미한다. 빠르게 흐르는 공기와 물은 신중하게 고려하지 않고 감정에 치우쳐서 성급한 판단을 내릴 수 있다는 위험을 경고해 준다.

정방향 키워드
감정적 배려, 정서적 헌신, 신속

역방향 키워드
완벽주의, 낙담과 실망, 기대에 어긋남

원소 결합
공기X물

일반적 의미

자신의 말과 행동을 지배하는 내밀한 욕망이나 동기는 무엇인가. 단순히 타인에게 인정받거나 관심을 받고 싶은 것인지, 아니면 맹목적인 감정에 사로잡혀 특정 사람이나 대상을 미화하고 있는 것은 아닌지 잘 들여다보라. 느긋한 마음으로 사람이나 상황을 분명하게 바라보고 주변 상황이 돌아가는 과정을 유심히 살펴보자.

사랑/연애

자신의 이상형을 곧 만나게 된다. 낭만은 충분히 즐기더라도 진도는 천천히 나가는 것이 좋다. 또는 현재의 연인에게 다시 낭만적인 감정을 느낄 수도 있다. 정식으로 프로포즈를 받거나 사랑한다는 고백을 받을 수 있기 때문이다. 머지않아 벅찬 사랑의 감정에 빠져 들거나 자기 스스로 고백을 하게 될 지도 모른다.

직업/금전

사업 제안, 새로운 사업 기회 혹은 야심 찬 작업으로 인해 설레는 상황이 찾아온다. 새로 만난 상사나 동료들도 나를 충분히 지지해 준다. 만약 지금 하는 일이 무료하거나 정체되는 것 같다는 느낌이 들면 좀 더 즐겁게 일할 수 있도록 삶의 자극을 찾아 나서야 한다.

정서/심리

건강이 좋아진다는 반가운 소식. 나 자신을 이해하고 탐구하는 과정에서 이미 새로운 돌파구를 발견했을 수도 있다. 반려동물을 맞이하거나 가구를 새로 들이는, 혹은 새로 만난 룸메이트 등 삶을 즐겁게 만들어 줄 변화와 기회를 맞게 된다.

역방향

기대가 너무 높거나 내 마음같지 않아 인간관계가 실망스러울 수 있다. 한없이 좋을 것만 같았던 연애나 사랑이 순식간에 흐지부지 끝나 버리거나, 자신이 처음 상상했던 것과는 전혀 다른 현실로 인해 고통스러울 수 있다. 또는 나 자신이나 다른 사람이 완벽해야 한다는 강박에 시달리고 있을 수도 있다. 긍정적인 상태로 되돌아가려면 나는 물론 타인에 대해서도 기대치를 낮추고 사소한 결점은 눈감아 줄 수 있어야 한다.

저널쓰기

→ 삶의 어떤 면이 나를 성급하게 판단하고 충동적으로 행동하게 만드는가?

컵의 여왕 *QUEEN*

**컵의 여왕은 사랑하고 보살피고
보호하는 여성 고유의 힘을 상징한다.**

물은 여왕이 한없이 보살피는 존재임을 나타낸다. 컵 카드 속 여왕은 사랑과 애정을 넘치게 베푸는 능력의 소유자임을 잘 보여준다.

타로 카드에서 여왕은 여성의 고유한 능력을 상징한다. 즉, 있는 그대로 수용하고, 창조해내며, 보살피고 사랑하는 능력을 의미하는 것이다. 컵의 여왕은 무엇보다 감정에 충실한데, 이는 물의 원소가 두 개나 있기 때문이다. 여왕은 깊이 공감하며 동시에 자신의 감정을 숨김없이 표현한다.

조개껍질과 아기 인어로 장식된 왕좌에 앉아 있는 여왕은 모성 본능과 생명을 창조하는 능력이 있음을 나타낸다. 왕좌 주변으로 물이 흐르고 있는 것으로 보아, 여왕은 다시 한 번 물과 깊은 관련이 있음을 알 수 있다. 황금빛 왕관은 욕망을 넘어선 사랑과 같은 고차원의 의식을 상징한다. 여왕은 손에 든 뚜껑 달린 성배를 지극하게 응시하며 그 안에 든 것을 소중히 지키고 있다.

정방향 키워드
진실한 보살핌, 양성, 육성, 여성 에너지

역방향 키워드
의심과 불신, 의혹, 정서적 거리감

원소 결합
물X물

일반적 의미

여성 고유의 특성을 가지고 있는 사람을 가리키며, 그가 나 자신일 수도 있다. 혹은 살면서 누구나 한 번쯤 경험해 봤을 강렬한 감정을 나타내기도 한다. 자문해보라. 나의 감정과 느낌에 강렬한 흔적을 남겼던 사람은 누구인가? 내가 느낀 감정에서 내가 배울 수 있었던 것은 무엇인가? 자신을 가꾸고 보살피려 할 때 나의 마음속에서 떠오르는 생각은 무엇인가?

사랑/연애

서로 아끼고 보살피며 공감할 수 있는 상대와의 기막힌 사랑을 암시한다. 상대에게 자신의 약점을 드러내는 것을 두려워하지 말라. 자신의 약점을 고백하면서 서로의 감정을 더 잘 헤아리게 되고, 그 결과 둘의 관계는 더 돈독해질 수 있다. 나 스스로를 믿어야만, 다시 말해 내가 진심으로 바라는 생각과 감정에 주목해야만 현재의 사랑이 더 견고하게 유지될 수 있다. 한편 컵의 여왕은 모성이나 자녀 혹은 자신이 헌신하는 가족을 의미하기도 한다.

직업/금전

한 가지 생각만을 고집하지 말고 느긋한 마음으로 창의적인 아이디어에 집중하라. 나만의 진실한 생각과 감정에 집중하다 보면 새로운 기회를 얻게 된다. 자신이 맡고 있는 특정 업무나 프로젝트에 아낌없는 지원을 받게 될 것이다. 또한 직장 내에서 나를 격려하는 사람들에게 더 많은 지지를 받는다. 지금은 나의 마음에 드는 기회를 만들어 가는 과정이다. 아이디어가 구체화될 때까지 성급하지 않게 이를 소중히 지켜 나가야 한다.

정서/심리

직관을 개발하라. 예를 들면 꿈작업같은 것이 있다. 꿈작업이란 꿈의 내용을 기록하고 그 꿈의 의미를 분석하는 작업으로, 자신의 내면세계를 이해하는 데 큰 도움이 될 수 있다. 영혼이 충만한 사람들과 더 많은 시간을 보내고 창의적인 생각과 영감을 이끌어 낼 수 있는 활동을 적극 찾아 나서야 한다. 집 안에서 편안한 시간을 보내거나 가구나 실내 장식을 새로 하는 것도 삶의 즐거움이 될 수 있다. 애정을 담아 할 수 있는 일이라면 모든 것이 지극한 기쁨이 될 것이다.

역방향

내가 누군가를 질투하거나 부러워하고 있다. 또는 반대로 누군가가 나를 질투하거나 부러워하고 있다는 의미일 수도 있다. 아니면 누군가를 의심하거나 경계하고 있는 상황이기도 하다. 다른 사람에게 거절당하거나 비판받을까 걱정하는 것은 좋지 않다. 자신의 감정을 솔직하게 털어놓을 수 있어야 한다. 만약 도저히 믿음이 가지 않는 사람이라면 그 관계는 정리하는 것이 마땅하다.

저널쓰기

→ 컵의 여왕 카드를 떠올리며, 내가 앞으로 소중하게 보살피고 성장시켜야 할 나만의 면모를 찾아보라.

컵의
왕 *KING*

연민과 사랑을 바탕으로 행동하는
남성의 고유한 능력이 컵의 왕 카드에
담겨 있다.

불은 왕의 실행력과 리더십을 보여준다.
컵의 왕인만큼 사랑과 풍부한 감정을 상징
하는 물과 관련이 있다.

타로 카드에서 왕은 안정감, 권위, 건강한
남성의 활력을 대변하는 슈트의 지배자이
다. 컵의 왕은 불과 물 원소를 상징하며 이
두 원소는 서로를 압도하지 않고 자연스럽
게 조화를 이룬다. 왕은 단단한 암석으로
지은 왕좌에 앉아 있다. 물 위에 떠 있는데
도 안정된 모습을 보여준다. 왕좌 뒤로 보
이는 배는 나 자신 뿐 아니라 배에 탑승한
사람들을 대신하여 행동에 나서는 리더십
을 상징한다. 그는 파도에 휩쓸려 난파하
지 않으면서 감정의 깊은 내면을 항해할
수 있는 존재이다. 많은 사람들이 왕을 믿
고 따르며, 왕도 그들의 기대에 부응하여
애정 어린 마음으로 공감하고 직관에 따
라 행동할 줄 안다.

정방향 키워드
정서적 안정감, 공감, 이해, 동조

역방향 키워드
신뢰할 수 없음, 의지가 안 됨, 선을 넘음

원소 결합
불X물

일반적 의미

동정심이 있고 다른 사람의 감정을 잘 헤아리며 행동에 나서는 인물. 감정과 행동을 구분하여 자신이 정한 선을 넘지 않는 사람이기도 하다. 아마 여러분이 컵의 왕일 수 있을 것이다. 카드는 감정적으로 거리를 두어야 할 때와 그렇지 않을 때를 분간할 필요가 있다는 것을 말해 준다.

사랑/연애

안정된 느낌이 들고, 세심하게 배려하며, 자신의 감정을 잘 헤아리는 상대가 있다. 서로에게 마음을 열기까지 다소 시간이 걸리겠지만 일단 마음의 벽이 허물어지고 나면 속 깊은 사랑을 이어갈 수 있다. 현재의 관계가 더 깊어지기 위해서는 상대방을 더 아끼고 공감해주고 기꺼이 격려해 주어야 한다.

직업/금전

직장에서 리더 역할을 하게 되거나, 자신도 모르게 남들이 나를 리더로 볼 가능성이 크다. 아니면 어떤 명분이나 사건을 계기로 사람들을 모으고 조직하는 역할을 할 수도 있다. 컵의 왕 카드는 이미 안정된 직장 경력을 이어가고 있거나 확실한 투자 기회를 포착하고 있음을 보여준다. 직장 내에서나 업무에 있어서 지나치게 분석하려 들거나 이치만을 따지지 말고 자신의 감정에도 귀를 기울여라. 그렇게 행동할 때 더욱 좋은 결과를 얻을 수 있다.

정서/심리

인간관계에서 자신만의 선을 정하고 그 선을 넘지 않으려 노력하고 있다. 하지만 힘들고 어려운 시절이라면 다른 사람의 도움을 받아들이고 그들에게 감정적으로 의존할 수도 있어야 한다. 나 혼자 책임을 져야 한다는 생각은 하지 말라. 혹은 반대로 다른 사람들을 도우고 이끌어 주어야 한다. 그들은 창의적인 작업이나 프로젝트를 진행하기 위해 당신이 꼭 필요하다고 생각하고 있기 때문이다.

역방향

나 자신은 물론 나를 둘러싼 인간관계가 혼란스럽거나, 정서적으로 불안한 상황에 있다. 특히 도움을 받고 있는 상대와의 관계가 불편해질 수 있으니 조심해야 한다. 자기 스스로 자신의 감정을 잘 다스려야 한다. 남들이 나에게 의존하는 상황이라면 자기의 능력을 스스로 의심하는 경우가 있어 답답할 수 있다. 또는 사람들과의 소통이 어려워지면서 이로 인해 상처를 받을 수도 있다. 특히 자신의 속마음을 제대로 드러내지 않는 사람에게 거절당한 느낌이 들 수도 있다. 하지만 이 모든 것들을 나 자신의 잘못이라고 생각하면 안 된다.

저널쓰기 ••••••••••••••••••••••••••••••••••••

→ 내가 컵의 왕 카드 속 인물이라면 나는 과연 어떤 모습일까?

제6장

마이너 아르카나: 펜타클

. . . .

펜타클은 흙의 속성을 지니고 있는데, 이와
관련된 별자리로는 황소자리, 처녀자리, 염소자리가
있다. 펜타클은 돈, 신체, 자연, 안정된 현실, 그리고
눈에 보이는 모든 물질적인 풍요로움을 상징한다.
돈, 건강, 안정된 현실이라는 펜타클의 속성을 쉽게
기억하려면 흙과 관련한 표현을 떠올려보면 좋다.
영어에 "돈은 저절로 생기지 않는다.(Money doesn't grow on
trees)"라는 표현이 있다. 당연 돈은 종이로 만들어지고,
종이는 나무로 만들어지며, 나무는 땅(흙)에서 자라는
법이다. 돈을 만지기까지 거쳐야 하는 수많은 과정을
떠올리면 돈은 거저 얻기 힘들다. "장차 성장의
씨앗을 심는다.(Planting seeds for future growth)"라는 영어
표현도 흙의 속성을 잘 보여준다. 또한 몸과 마음이
편안하다는 영어 표현도 '흙'이라는 명사를 가지고
만든 형용사 'grounded'이다. 물론 몸과 마음이 편한
사람이라면 부족하지 않은 재산이 있기 마련이다.

. . . .

에이스 *ACE of*
펜타클 *PENTACLES*

풍요로운 현실이 새롭게 시작된다.
이 행운의 선물을 기쁜 마음으로
받으라.

·····················

흙의 속성을 갖는 에이스 펜타클은 새로
운 시작을 알리는 선물이다. 신성한 손이
구름에서 나와 펜타클이 그려진 금화를
건네준다. 그 아래에는 꽃들이 무성하게
자란 아름다운 정원이 보이는데, 이는 비
할 데 없는 풍요와 번영을 상징한다. 성공
에 필요한 모든 것이 이 정원 안에 있으니
꽃길을 지나 과감하게 세상으로 나가려면
필요한 것은 무엇이든 가지고 갈 수 있다.
당신은 이미 씨를 뿌렸다. 뿌린 씨앗이 땅
속에 단단히 자리를 잡고 나면 이후 어떤
시련이 닥치더라도 흔들리지 않을 것이라
믿기만 하면 된다.

정방향 키워드
새로운 시작, 충만, 풍요와 번영

역방향 키워드
풍요를 한없이 기다리며 지체되는 상황

수비학
1, 새로운 시작

일반적 의미

하늘이 주신 중요한 기회나 선물을 의미한다. 새 직장을 구하거나 우연히 큰돈을 벌 수도 있다. 에이스 펜타클은 장차 번창할 미래와 풍요롭게 가꾸어 나갈 삶의 첫 걸음을 의미한다. 이러한 삶의 변화에는 성장의 잠재력이 무한히 깃들어 있으니, 그 기회를 놓치지 않고 이끄는 대로 따라가는 것이 좋다.

사랑/연애

새로운 사랑이 다가오고 있거나, 현재 연인이나 배우자와의 관계가 더욱 안정되고 신뢰할 수 있는 단계로 막 접어들고 있다. 공동으로 집을 장만하는 경우처럼, 삶의 중요한 결정을 함께 내린다면 서로를 더욱 신뢰하고 헌신하는 관계로 발전할 가능성이 크다. 지금이야말로 사랑으로 충만하고 더욱 안정된 관계를 이어갈 시간이니 편안한 마음으로 그 사랑의 결실을 만끽하라.

직업/금전

새로운 직장을 구하고, 급여가 오르고, 기회가 찾아오며 전에 비해 소득이 증가한다. 그렇게 삶은 더욱 안정되고 있는 상황이다. 새로운 사무실을 찾고 있다면 맘에 드는 부동산이나 새로운 토지가 나타날 것이다. 더욱 안정된 현실과 풍요로운 삶을 가져다줄 새로운 직장 경력을 쌓아갈 수 있다.

정서/심리

자신을 돌보며 건강과 활력을 추구하는 새로운 삶의 여정에 들어서 있다. 유산이나 큰 선물처럼 새로운 기회에 주목하게 되면 부와 안정된 삶을 누리고 이어나갈 수 있다.

역방향

좋은 기회가 있어도 막상 그 기회를 못보고 지나치게 된다. 무언가를 이루기 위해 지나치게 노력하고 있거나 아예 잘못된 방향으로 가고 있기 때문이다. 매달리고 있는 일이나 생각을 잠시 멈추고 자신과 주변 상황을 억지로 통제하려는 조바심을 내려놓아야 한다. 우연히 찾아드는 삶의 기회와 도움을 받아들여라. 정작 자신이 원하던 것이 눈앞에 나타나도 기대했던 것과 달라서 이를 알아채지 못할 수도 있다.

저널쓰기

→ 여러분에게 에이스 펜타클에 해당하는 인생의 선물은 무엇인가?

펜타클 2

**가장 중요한 문제에 집중해야만
삶의 균형을 회복할 수 있다.**

삶의 중요한 변화를 기꺼이 받아들이자.
현재 펜타클 2 카드가 의미하는 삶의 균형
을 이룰 수 있는 중요한 시점에 놓여 있다.
카드 속 인물은 두 개의 펜타클을 능숙하
게 다루고 있는데, 각각의 펜타클은 무한
대 기호를 연상시키는 이중 고리로 연결되
어 있다. 이는 두 개 중 어느 하나가 다른
하나에 곧바로 영향을 준다는 의미로 이
해할 수 있다. 그는 한 발로 서서 아슬아슬
하게 두 가지 에너지의 균형을 맞추려 노력
하고 있다. 뒤로는 험난한 파도 위로 두 척
의 배가 지나가고 있는데, 이는 급변하는
감정 상태에서도 균형과 안정을 유지하려
애쓰고 있음을 의미한다.

정방향 키워드
균형, 평정, 침착, 안정

역방향 키워드
긴장, 불안, 책임회피

수비학
2, 조화, 균형

일반적 의미

공적인 일과 사적인 일상을 조화시키는 것은 쉬운 일이 아니다. 펜타클 2 카드는 기쁜 마음으로 살아야 하지만, 정작 그런 감정에 지나치게 압도된 나머지 생활의 균형을 상실해서는 안 된다고 경고한다. 자신의 삶을 한 단계 더 향상시키려 노력하면 그동안 익숙하고 편안했던 습관과 일상은 방해받게 되며 순간 균형이 무너진다. 성장하고 발전하기 위해서는 늘 이런 혼란이 뒤따르는데 이런 문제를 건전하게 해결하려면 반드시 절도 있고 균형 잡힌 태도가 필요하다. 자신이 감당할 수 있는 일은 스스로 해결하고, 혼자 감당할 수 없는 문제라면 기꺼이 타인의 도움을 구하거나 포기해야 한다.

사랑/연애

사랑하는 사람과 즐거운 상황에서 일상과의 균형을 유지하기란 어려운 일이다. 사랑에 열중하는 동안에도 소홀했던 다른 지인들과 다른 문제들을 챙길 수 있는 시간과 여유가 꼭 필요하다. 혹은 머지않아 둘 중에 한 연인만을 선택해야 하는 순간이 올 수도 있고, 동시에 여러 사람과 교제를 하다 책임지지 못할 문제로 고통 받을 수도 있다. 마음껏 사랑하되 그 사랑에 눈이 멀어 삶의 균형이 무너지지는 않게 노력하라.

직업/금전

시간과 노력을 들여 현재의 재정 상태를 파악하고 관리해야 한다. 수입과 지출을 비교하면서 금전관리를 해야만 한다. 현재의 직업이나 부업 혹은 열정을 가지고 진행하는 작업 사이에서 어느 하나만을 선택해야 할지도 모른다. 직장과 가정 사이에서 제대로 균형을 맞춰야 한다. 직장과 업무에서 너무 많은 일을 벌이다 보면 어느 하나도 마무리하지 못할 수 있다.

정서/심리

직장과 일상생활을 화해시키려고 부단히 노력하고 있는 중일 수 있다. 열정을 품고 추구하는 일과 마땅히 해야 하는 일 중 어느 하나를 선택해야 하는 문제는 어려운 것이다. 뜻밖의 시련으로 혼란스러울 수 있지만 삶의 여러 문제들을 해결할 수 있다는 믿음을 끝까지 유지해야 한다.

역방향

삶의 균형은 깨지고 심적으로 불안한 삶의 긴장 상태를 의미한다. 혹은 금전 문제와 관련해서 대책이 전혀 없거나 지출을 아끼고 저축해야 하는 상황에 돈을 낭비하고 있다고도 해석할 수 있다. 하지만 이는 일시적인 문제에 불과하다. 문제의 원인이 무엇인지 파악하고 정상으로 돌아갈 수 있게 하나씩 천천히 해결하다 보면 삶의 균형을 다시 회복할 수 있을 것이다.

저널쓰기 ••••••••••••

→ 나의 삶에서 균형이 필요한 부분은 어디인가?

펜타클 *3*

새롭게 펼쳐지는 기회의 문을 향해 자신 있게 걸어가자. 성공과 번영으로 충만하리라.

· ·

그동안 삶의 균형을 달성하기 위해 힘겹게 노력해 왔다. 이제 펜타클 3 카드가 선사하는 풍요로운 삶의 기회를 맞이할 때이다. 세 사람이 모여서 활기차게 대화를 나누고 있다. 각자의 삶이 점차 더 나아질 수 있는 계획을 짜느라 분주한 모양새다. 긴 의자에 올라 서 있는 남자는 능숙한 솜씨를 자랑하는 장인이다. 아래 두 인물과 달리 장인은 당당한 모습이 돋보인다. 건물 정면에 새겨진 세 개의 펜타클은 이 세 명의 인물이 오랜 기간 서로 신뢰하며 협력해 왔음을 잘 보여준다.

정방향 키워드
성공, 행운, 출세, 새로운 기회나 가능성의 출현

역방향 키워드
권태, 심신의 탈진, 극도의 피로, 자신감 부족, 확신 없음

수비학
3, 협력, 성장과 발전

일반적 의미

자신의 생각과 포부를 자신 있게 타인과 공유하고, 열정을 발휘할 수 있는 작업을 선택하라고 말해준다. 그런 일이라야 다른 사람들에게 호평을 받을 수 있고, 더욱 풍요로운 기회를 가져오기 때문이다. 당신이 꿈꾸어 온 성공에 이를 수 있으니 자신의 능력과 실력을 의심해서는 안 된다. 장밋빛 미래가 펼쳐질 것이며 그에 필요한 탁월한 능력을 갖추고 있다.

사랑/연애

두려워서 망설여지더라도 과감하게 먼저 다가가라. 자신에게 영감과 활력을 주는 사람들, 친구들과 함께 시간을 보내야 한다. 그들을 통해 사랑하는 연인이나 배우자를 만날 수 있을 것이다. 현재의 연인이나 배우자와의 관계는 한층 더 깊게 발전한다.

직업/금전

업무나 직업 차원에서 새로운 기회가 나타난다. 다소 버거워 보이는 임무나 직업에 자원하고, 자신이야말로 그 일에 적임자라고 소개하라. 또는 창업 준비를 위한 작업을 천천히 시작해도 좋다. 이제는 당신이 세상에 드러날 순간이다.

정서/심리

두렵고 망설여지는 순간에 오히려 자신감을 더 발휘해야 다방면으로 성장할 수 있다. 남들 앞에서 자신 있게 발언하고 연설할 수 있는 기술을 연마하거나 집단 내에서 눈에 띨 만큼 적극적으로 활동하라. 자기만의 전문 분야에서 존재감을 드러내고 자신을 인정하는 추종자를 늘려야 성취감을 느낄 수 있다.

역방향

자신감이 부족한 상태이다. 자신의 역량을 한 단계 더 끌어올리는데 극도의 두려움을 느끼고 있다. 진정으로 성장하고 발전하려면 익숙한 습관이나 타성에서 벗어나야 한다. 또는 무리한 업무나 일정으로 지쳐있을 수 있다. 하던 일을 중단하고 휴식을 취하라. 잠시 쉬어간다 해도 자신의 경력에 전혀 해가 되지 않는다. 휴식을 취하면서 다시 삶의 활력을 되찾자. 자기 자신을 너무 몰아붙이지 말아야 한다.

저널쓰기 ....

→ 위험을 감수하고 더 큰 꿈을 꾼다면 장차 나의 삶은 어떤 모습이 될까?

펜타클 4

**물질에 너무 집착한 나머지 현재의
안정된 삶에 만족할 줄 모른다.**

풍요로운 삶을 이어나갈 수 있는 기회가
도처에 널려 있다. 하지만 재산이나 능력,
혹은 안정된 삶이 의미하는 바를 신중하
게 고려할 필요가 있다. 왕관을 쓰고 왕좌
에 앉아 있는 인물은 분명 풍요로운 현실
에 안주하고 있다. 하지만 이 인물은 원하
는 것을 모두 가졌음에도 자신이 이룬 성
공이 앞으로도 이어질 것인지에 대해 자
신이 없어 보인다. 그의 왕관 위로 금화가
놓여 있는데 이는 늘 돈에 집착하고 있음
을 보여준다. 가슴에도 금화를 꺼안고 있
는 것으로 보아 그는 감정적으로도 돈에
집착하고 있음을 알 수 있다. 발치에는 두
개의 금화가 더 보인다. 그는 자신의 삶이
불안해지지 않도록 더 많은 것을 가지려
하고 있다. 안정된 삶을 단순히 물질이나
재산으로만 바라보고 싶어 한다. 남들에
게 아량을 베풀며 자신의 삶을 더 풍요롭
게 가꾼다는 것은 상상하기 어려운 상태이
다. 그 결과 삶의 무한한 창조력 같은 것은
전혀 기대할 수 없다.

정방향 키워드
안정된 현실을 마련, 재산을 유지

역방향 키워드
물질주의, 통제된 생활

수비학
4, 구조, 안정된 현실

일반적 의미

누구나 금전적으로 넉넉한 삶을 희망한다. 그래서 나름 여유가 생기면 자신이 가진 것을 지키는데 집착한다. 앞으로 더 성장할 수 있는 안목은 키우지 못하는 것이다. 펜타클 4 카드는 여러분의 삶은 이미 넉넉하고 안전할 뿐 아니라 앞으로도 한동안 부족하지 않은 삶을 살 거라 말해준다. 열심히 노력해서 거둔 삶의 성과들은 잘 지켜야겠지만, 새로운 기회에도 늘 마음을 열어두어야 한다. 여러분은 이미 안정된 삶을 살고 있다. 그렇지 않더라도 안정된 단계로 들어서고 있는 중이다. 지금까지 열심히 노력했으니 그 사실만으로도 흡족하게 생각할 수 있어야 한다.

사랑/연애

자신이나 상대방은 지금보다 더 안정된 삶의 기반을 마련하고 싶어한다. 그런 후에야 약혼이나 결혼을 할 수 있고, 집을 사거나 가정을 꾸릴 수 있다고 보기 때문이다. 조목조목 계획을 짜는 일이 썩 내키지는 않겠지만, 자신이나 배우자 중 누구 하나는 현실적 안정감이 있어야 마음 편히 삶의 다음 단계로 넘어갈 수 있다.

직업/금전

직업이나 경력을 선택할 때 자기만의 열정이나 창의성보다는 금전적 안정을 더 중요하게 생각한다. 틀에 박힌 업무나 역할을 수행하며 돈을 벌고 쓰고 투자를 하면서도 늘 안전한 선택만을 고집한다. 업무나 사업에서는 직관에 따라 결정하기보다 구체적인 손실을 따지며 일을 처리하는 성향이다.

정서/심리

재능을 풍부하게 타고 났다. 현실적 안정감에 주목한다 해서 그저 금전이나 재산에만 집착해서는 안 된다. 미래를 대비하고 구체적인 목표에 맞추어 아끼면서 살고 있다면, 내가 지금 자신이나 타인에게 지나치게 인색한 건 아닌지 자문해보라. 펜타클 4 카드는 넉넉한 아량을 베풀라고 말해주는 카드이다. 타인에게 베풀 때만이 자신의 삶도 넉넉해지는 법이다.

역방향

삶의 물질적인 측면에 지나치게 집착하고 있다. 물질적으로 안정되면 좋겠지만 생각과 정서, 감정의 안정도 그에 못지않게 중요하다. 그러니 은행 잔고만 쳐다보고 있으면 안 된다. 재산이 아무리 많아도 삶의 불안은 해소되지 않는다. 이제 눈에 보이는 현실이 아닌 자신의 내면에 주목할 때이다. 혹은 역방향 펜타클 4 카드는 삶의 다양한 측면을 지나치게 통제하고 있다는 의미이기도 하다. 지금은 휴식이 필요한 때이다. 다시 삶의 균형을 찾기 위해 무엇을 해야할 지 고민해 보라.

저널쓰기

→ 내가 가진 것 중 가장 집착하는 대상은 무엇일까?

펜타클 5

불안에만 주목하면 더 나은 삶은
기대할 수 없다. 풍요로운 생각과
감정으로 시선을 돌려보자.
그리고 서서히 변해가는 자신의 삶을
똑바로 응시하라.

카드는 힘겨운 시절을 보내고 있다해도 아
낌없이 베푸는 삶에 대한 믿음을 버리지
말라고 충고한다. 누더기 차림에 몸까지 불
편해 보이는 두 사람이 눈을 맞으며 힘겹
게 걸어가고 있다. 이들이 지나가는 곳에
교회의 화려한 채색 유리창이 있는데 거기
엔 다섯 개의 금화가 열매처럼 그려진 나
무 형상이 보인다. 이는 자비를 베푸는 아
늑한 영적 안식처를 상징한다. 하지만 카드
속 두 인물은 스스로 자비와 동정을 받을
자격이 없다고 생각하는지 고집스레 더욱
고단한 삶을 향해 걸어가는 것 같다.

정방향 키워드
삶의 결핍에 집중, 심신이 고갈되고
금전적으로 위태로운 느낌

역방향 키워드
시련에서 벗어나려는 노력

수비학
5, 삶의 시련, 고단한 삶

일반적 의미

결핍과 상실감, 그리고 가난에 대한 두려움을 보여준다. 직장을 잃거나 금전 혹은 삶의 소중한 기회나 인연을 놓친다면 이런 상실감이 들기 마련이다. 하지만 이런 결핍에만 집착하면 가까이 있는 도움의 손길을 전혀 알아챌 수 없다. '눈으로 보아야 믿을 수 있다'는 태도를 버리고 '보이지 않아도 믿을 수 있다'는 마음가짐을 가져야 한다. 자신이 의미 있는 존재라는 생각과 아낌없이 베푸는 삶에 대한 믿음을 꼭 간직하라. 상실과 절망의 힘겨운 시절을 반드시 헤쳐나갈 수 있을 것이다.

사랑/연애

연인을 상실하거나 관계가 훼손되면 불안하기 마련이다. 새로운 연인을 사귄다해도 쉽게 마음의 문을 열지 못하고 의심이 들 수 있다. 하지만 사랑이 가져다주는 그 풍부한 감정을 경험하려면 사랑을 둘러싼 불안과 걱정을 과감히 헤쳐나가야 한다. 연인이나 배우자와의 관계가 불안정해지면 자칫 두려움과 회의에 빠질 수 있지만 감정의 문제는 반드시 해결될 수 있다는 희망을 가져야 한다. 어쩌면 연인과 헤어지는 것이 해결일 수도 있다.

직업/금전

직장을 잃거나 불안한 금전 문제로 노심초사하는 상황이다. 펜타클 5 카드는 실제로 직업을 상실했거나 손에 잡히지 않는 문제로 고민하고 있다는 의미이다. 하지만 이런 걱정으로 인해 타성에서 벗어나 생각하며 행동할 수 있다. 결국 자신에게 더 유리한 상황을 만들어 갈 수 있을 것이다. 지금 이 순간이 불편하고 불안하겠지만 다가오는 삶의 가능성과 기회를 믿어보라. 다가올 무언가를 믿어야 한다. 자신이 잃어버린 것을 꼭 되찾게 될 것이다.

정서/심리

금전이나 재산과 같은 물질세계에만 주목하지 말고 자신의 내면을 깊이 들여다 볼 수 있어야 한다. 그래야만 삶의 안정을 가져오는 금전이나 직업과 같은 불안한 문제들을 다스려 나갈 수 있다. 현재의 삶에 만족하면서 자신의 내면을 탐구한다면 획기적으로 문제를 해결할 수 있다. 건강이 우려되는 상황이라면 고통을 호소하며 방치하지 말고 서둘러 치료하는데 집중하라.

역방향

그동안 자신을 괴롭혔던 금전적 어려움에서 벗어나고 있지만 여전히 다시 또 힘들어지지 않을까 걱정하고 있다. 명상이나 수행을 통해 긍정적이고 적극적인 사고방식을 연습하거나, 현재의 어려운 상황이 단지 순간에 불과하다는 믿음을 가져야만 결핍과 상실감을 해소할 수 있다.

저널쓰기 ••••••••••••••••

→ 궁핍한 생활에서 비롯되는 상실감을 이겨내기 위한 자신만의 방법이 있다면 무엇일까?

펜타클 6

주고받는 행위는 삶의 번영을
지속시키는 첫 걸음이다.
자신이 받고 싶은대로 남에게 베풀 수
있어야 한다.

펜타클 6 카드가 나오면 다른 사람에게
아량을 베풀거나 서로 주고받는 경험이 이
어진다. 부유해 보이는 한 남성이 자신 앞
에 무릎을 꿇고 있는 사람들에게 동전을
건네주고 있다. 그는 서 있는 자세를 유지
하는데, 무릎을 꿇고 있는 사람들과 비교
해 더 높은 신분임을 알 수 있다. 그는 한
손으로 저울을 들고 있어서 가진 자가 덜
가진 자에게 베푸는 경우 늘 공정함이 중
요하다는 사실을 떠올리게 만든다. 펜타
클 6 카드는 감사한 마음으로 받는 행위
만큼 아낌없이 베푸는 행위의 중요성을 강
조한다. 또한 이타적인 마음에서 비롯된
진실어린 도움이야말로 가장 으뜸임을 보
여준다.

정방향 키워드
관대한 마음과 행동, 아량, 자신의 것을
베푸는 행위

역방향 키워드
조건을 달아 베푸는 행위, 불평등,
불균형, 편파

수비학
6, 조화, 관대함

일반적 의미

펜타클 6 카드는 주고받는 행위가 나 자신과 무슨 관련이 있는지 질문한다. 넉넉한 마음으로 베푸는 행위는 저절로 만족감을 가져온다. 하지만 받는 사람의 경우 자신이 받은 만큼 돌려주지 못할 때 무척 난처한 입장에 처하게 된다. 받은 만큼 그대로 돌려줘야 한다는 생각은 하지 말자. 베푼 사람은 바로 그 관대한 행위를 통해 스스로 만족하고 있다. 대신 자신에게 베풀어 준 그 호의의 순간을 잘 간직하고 있다가 내가 다른 누군가에게 베풀 기회가 생기면 넉넉하고 기쁜 마음으로 베풀면 된다. 고맙지만 부담 없이 받을 수 있어야 삶은 더욱 풍요로워질 수 있다.

사랑/연애

진심으로 서로를 돌보고 동등하게 주고받는 관계를 이미 맺고 있다. 그렇지 않더라도 곧 그런 관계로 발전할 것이다. 머지않아 마음이 넉넉한 연인을 만나거나 후한 선물이나 기회를 얻게 된다. 지금이야말로 애정을 공유하고 더 깊은 관계로 발전할 수 있는 순간이다.

직업/금전

아주 솔깃한 제의를 받거나 뜻밖의 횡재로 돈을 벌거나 엄청난 투자 수익을 기대해 볼 수 있다. 그간 공들인 업무나 사업에 따른 성과나 보상을 받게 되고 큰 성취감을 맛보게 된다. 연봉 인상과 승진의 기회가 있으니 이 역시 눈여겨 볼 필요가 있다. 직장이나 사업에서 재정적 지원이 필요해 보이는 사람이 있다면 챙기고 도와주는 것이 좋다.

정서/심리

유산 상속 혹은 예기치 않은 제안이나 기회를 얻게 될 수 있다. 아니면 자선단체나 형편이 어려운 사람을 내가 도와줄 생각을 하고 있다. 작게라도 집에 있는 물건을 꼭 필요한 사람에게 전달해 보자. 하나를 내어줌으로써 다른 하나를 받을 수 있는 여지가 생긴다.

역방향

넉넉하게 베풀고는 있지만 까다롭거나 너무 많은 조건을 달고 있다. 혹은 위선으로 베푸는 것은 아닌지 진짜 의도를 의심해 보라고 경고한다. 아니면 결국 돌려받을 것을 기대하거나 그렇지 못한 경우 상대에게 실망하고 있음을 알려준다. 자신의 시간, 에너지, 금전과 같은 자원을 아낌없이 베풀자. 남에게 도움이 된다는 생각만으로도 기뻐할 줄 알아야 한다.

저널쓰기 ••••••••••••••••••••••••••••••••••

→ 바로 지금 어떻게 하면 더 많은 것을 베풀 수 있을까?

펜타클 7

노력의 성과를 맛보기 전에 자신의
밭을 잘 가꿔야 한다.
그래야만 풍성한 열매가 달리고 몇
해에 걸쳐 부족함 없이 살 수 있을
것이다.

인내심을 잃지 말고 조금씩 노력을 기울
여 꾸준히 일해야 한다. 그동안 노력을 기
울이던 프로젝트, 아이디어, 혹은 인간관
계가 아직 구체적인 성과를 내지는 못했
음을 의미한다. 한 남성이 농기구에 몸을
기대고 자신이 수확한 펜타클을 쳐다보고
있다. 그는 오랜 기간 펜타클이 잘 자라도
록 돌보았다. 잠시 하던 일을 멈추고 자신
이 수확한 펜타클을 바라보면 여태껏 기
울인 노력에 뿌듯해야 할 텐데, 오히려 원
하는 목표에 이르지 못했다는 생각에 실
망한 표정이 역력하다. 다시 마음을 다잡
고 본격적으로 일을 하려면 그에겐 휴식이
꼭 필요하다. 그저 바라만 보는 것으로는
화려한 펜타클이 더 빨리 자라지 않는다
는 사실을 그도 잘 알고 있다.

정방향 키워드
성장, 발전, 진전, 확장, 끈기, 기다림

역방향 키워드
성급함, 지연, 조바심, 연기, 꾸물거림

수비학
7, 계획, 심사숙고

일반적 의미

조금 더 노력하면 원하던 목표를 달성할 수 있다. 축배를 들기에는 아직 이르다. 잠시 하던 일을 멈추고 그간의 노력을 돌아보며 감사한 마음을 갖자. 실망해서는 안 된다. 목표 달성을 향한 노력의 과정은 삶의 모험이다. 더 힘차게 일하고 노력하려면 어떻게 해야 할까? 머지않아 때가 도래하고 노력의 결실이 충분히 무르익어 축배를 드는 순간이 올 것임을 믿어야 한다.

사랑/연애

특별한 사건이나 행사를 통해 사랑의 이정표를 세우려고 마음이 조급하고 초조하다. 느긋한 마음으로 노력하고 현재의 관계를 있는 그대로 받아들이라. 때가 되면 자연스럽게 자신이 원하는 관계에 들어설 수 있다. 기다리고 인내하며 끊임없이 자신의 생각과 행동을 돌볼 수 있어야 한다.

직업/금전

현 직장에서의 직급이나 위상에 실망할 수 있다. 더 인정받고 더 높은 지위에 올라야 한다고 생각하지만 지금은 단지 변화의 과정 속에 있을 뿐이다. 더 기다리고 노력하면 원하는 목표를 달성할 수 있다는 믿음이 있어야 한다. 한결같이 인내하며 늘 그랬듯 열심히 노력하면 된다.

정서/심리

그간 애써 온 결과가 구체적으로 드러나기 직전이다. 그러니 절대 포기하지 말자. 매일 꾸준히 자신을 가꾸고 내면을 성찰하게 되면 곧 자신이 원하는 변화를 경험하게 된다. 늘 긍정적으로 생각하고, 아무리 하찮더라도 자신과의 약속을 지키고 이에 감사하자. 시간이 지나 어느새 거대한 변화를 목격할 것이다.

역방향

확신도 없는 목표를 달성하려 자신의 노력을 낭비하고 있다. 그래서 결국 스스로도 만족하지 못하고 점점 초조해지고 있는 상황이다. 또한 원하는 결과를 얻지 못하는 이유가 일을 미루는 버릇 때문이라고 카드는 말해준다. 이런 나쁜 습관을 고치려면 구체적인 행동 계획을 세우고 늘 이를 참고하고 필요하면 고쳐가면서 살아야 한다. 원래의 목표를 조금 수정한다면 다시 힘차게 노력할 수 있는 계기가 될 것이다.

저널쓰기 ●●●●●●●●●●●●●●●●●●●●●●●●●●

→ 자신이 아직 이루지 못했다고 생각하는 것은 무엇인가?

펜타클 8

끊임없이 연마해야만 어느 한 분야에
정통할 수 있다. 자신만의 기술을
부단히 가꾸고 연마할 필요가 있다.

자신이 선택한 기술이나 직업을 철저하게
숙달하는 과정을 보여준다. 카드 속 인물
은 기술을 갈고 닦으며 성실하게 일하고
있다. 그는 철저하게 배우고 그 배운 내용
을 실제로 적용할 수 있어야 성공할 수 있
음을 잘 알고 있다. 부단히 노력해서 경제
적으로 넉넉해지려면 배움과 실천 중 어느
하나도 소홀히 할 수 없다. 그는 기쁜 마음
으로 일할 줄 안다. 자신에 대한 믿음이 있
어 매일 똑같이 반복되는 작업이지만 지루
해하지 않고 그 일을 이어나갈 수 있다. 그
는 언젠가 자신의 일에 정통해질 수 있음
을 의심하지 않는다.

정방향 키워드
각고의 노력, 생산성, 비옥, 풍요

역방향 키워드
권태, 심신의 탈진, 과로, 저평가 된
능력과 기술, 허탈감, 혹사, 경시

수비학
8, 운동, 변화

일반적 의미

자신이 좋아하고 잘하는 일을 할 때만 그 일을 즐길 수 있다고 말해준다. 경제적 성공과 안정은 부단히 노력하고 헌신한 결과이다. 성공의 크기는 전적으로 당신에게 달려있다. 어렵지만 새로운 일을 배우고 자기만의 분야에서 앞서 나가려고 끊임없이 노력해 왔다면 그 노력은 결코 헛되지 않을 것이다. 지금처럼 계속 열심히 노력하자.

사랑/연애

펜타클 8 카드는 아주 매력적인 카드라고 할 수는 없다. 당신이나 상대방 중 어느 하나는 열심히 노력해서 안정된 현실을 준비하고 있는데, 이는 앞으로 진지한 관계로 발전하고 싶거나 혹은 가정을 꾸리고 싶어 하기 때문이다. 어쩌면 둘 중 하나는 일 중독자일 수도 있다. 이 역시 안정된 미래를 꿈꾸기 때문이다. 만약 그 일 중독자가 자신이라면 시간을 내어 휴식을 즐길 줄도 알아야 한다.

직업/금전

열심히 노력하고 일에 전념하면 경제적 성공이 뒤따른다. 그 과정에서 직장이나 자기만의 사업에서 출세의 길을 달리게 될 것이다. 새로운 기술을 배우고 연마하다 보면 직업이나 경력의 변화가 생기고 별도로 부가 수입도 생기면서 경제적으로 탄탄해지게 된다.

정서/심리

그동안 공부하고 연마했던 분야에서 성취감을 맛보게 된다. 자신의 내면을 탐구해 온 그간의 노력으로 심리 상담이나 심리 치료와 같은 분야에서 일을 할 수도 있다. 어떤 분야이든 자신이 원하는 것을 하며 자신이 좋아하는 일을 위해 성실하게 노력하면 결국 성공할 수 있다는 믿음이 필요하다.

역방향

심신이 탈진하고 있다. 직장을 관두고 싶거나 자신이 선택한 직업이나 경력에서 점차 마음이 멀어지고 있음을 의미한다. 그동안 열심히 노력했는데 의미 있는 성과가 하나도 없다는 생각이 드는가? 이렇게 난처한 질문과 마주한다면 자기 스스로에게 솔직해져야 한다. 다시 시작해도 절대 늦지 않았다.

저널쓰기 ·······

→ 내가 열정을 다해 노력할 수 있는 일은 무엇이 있을까?

펜타클 9

지금껏 자신이 성취한 삶의 모든 것에 감사하고, 지금의 풍요로운 삶을 만끽하자.

....

자신이 직접 가꾸어 온 넉넉한 삶의 공간을 너그러이 만끽하라. 한 여성이 여황제가 입을 법한 화려한 꽃무늬의 드레스를 차려 입고 정원 한 가운데 서 있다. 화려한 복장인데도 그녀의 차분한 표정은 손이 더럽혀질까 두려워하지 않는다. 그녀는 풍요로운 삶의 활력을 기꺼이 수용하고 자신의 집을 가꾸는데 필요한 일을 능숙하게 처리한다. 한 손에는 두건을 쓴 새가 앉아 있는데, 이는 그녀가 풍요로운 삶을 누리면서도 물질에 대한 집착을 철저하게 경계하고 있음을 잘 보여준다.

정방향 키워드
성공, 기쁨, 행운, 출세, 즐거움, 향유

역방향 키워드
물질에 집착, 감사할 줄 모름

수비학
9, 완성, 절정, 고독

일반적 의미

펜타클 9 카드는 즐겁고 편안한 시절을 의미한다. 지금껏 열심히 살아왔고 돈 문제는 늘 현명하게 판단하며 투자도 올바르게 해왔다. 게다가 넉넉한 아량과 베푸는 삶을 소중하게 생각하기에 다른 사람들과 삶의 풍요로운 성과를 나누어 가질 줄도 안다. 그동안 직접 소중히 일구어 온 자신의 삶을 충분히 만끽할 때이다. 더 이상 부족할 것이 없는 삶이 펼쳐진다. 그러니 조금도 걱정할 것이 없다. 언제든 휴가를 떠나도 좋고 자신의 마음에 드는 것이라면 망설이지 말고 구입해도 좋다. 진정 열심히 살아온 인생이다.

사랑/연애

망설임이나 죄책감은 접어두고 자기만의 삶의 기쁨에 주목하자. 싱글의 경우 이제껏 자신을 아낌없이 사랑해왔다. 하지만 자신과 생각이 잘 맞는 상대를 만나 진지하고 열정적인 관계로 발전할 수 있다는 사실을 잊지 말라. 상대방이 먼저 다가와주길 기다리지 말고 자신이 직접 각별한 행동이나 이벤트를 준비해 보자. 자기 스스로 자신의 태도를 결정할 수 있어야 한다.

직업/금전

금전적으로 안정되어 있다. 그러니 느긋한 마음으로 자신이 이룬 삶의 성과를 즐겨보자. 그간 무리하게 일하며 힘들었다면 긴장의 끈을 내려놓고 휴식을 취하라. 휴식과 기분전환으로 삶을 재충전해야 추후 다시 일에 집중할 수 있다. 일은 나중에 천천히 해도 좋다. 충분히 휴식한 후에도 여러분의 삶은 여전히 풍요로울 것이다.

정서/심리

자신의 개성을 담고 그 안에서 편안함을 누릴 수 있도록 집을 새로 단장하고 수리해왔다. 아니면 한참 집을 비우고 휴가를 떠나 휴식을 취하며 시간을 보냈을 수도 있다. 이제 마음이 가장 평온해질 수 있는 일에 집중하자. 느긋한 기쁨이 있어야만 영혼에 활기가 도는 법이다.

역방향

과소비를 하거나 금전이나 물질에 대한 집착을 경고하고 있음을 깨달아야 한다. 혹시 이게 자신에게 해당하는 문제라면 씀씀이를 줄이고 잘못된 지출 습관을 고쳐야 한다. 또는 무리하게 과로하다보니 삶의 여유가 전혀 없는 상황임을 나타내기도 한다. 자신을 돌아보며 삶의 어느 부분에서 균형이 깨졌는지 직관해보자.

저널쓰기 ·········

→ 자신이 이룬 성과 중에 가장 자랑스러운 것은 무엇인가?

펜타클 10

삶이 번창하여 최고의 순간에
이르렀다. 사랑하는 사람들과 더불어
다시 번영을 구가할 수 있는 곳에서
새로운 삶을 가꾸어 나갈 수 있다.

재산과 풍요로운 삶을 함께 누리는 의미
의 카드이다. 펜타클 10 카드를 보면 3대
에 해당하는 한 가족이 자신의 땅인 정원
에서 행복한 시간을 보내고 있다. 10개의
펜타클이 등장하는 것으로 보아 이 가족
은 금전적으로 걱정할 필요가 없어 보인다.
두 마리의 개는 충성심을 보여주며, 어린
아이, 성인, 노인의 이미지는 평생에 걸쳐
성장하는 인생 과정을 보여준다.

정방향 키워드
부, 귀중한 산물, 물질적 풍요, 가정,
유산이나 재산, 상속, 계승

역방향 키워드
상실, 손실, 쇠퇴, 전통과의 단절

수비학
10, 한 주기의 완성

일반적 의미

펜타클 10은 누구에게나 가장 든든한 버팀목이 되어 주는 가족의 사랑을 의미한다. 여기서 가족은 자신이 태어나고 자란 생물학적 가족에만 국한되는 것이 아니다. 소중한 사람들과 더불어 지내며 어려운 이들을 아낌없이 도울 수 있게 부와 재산을 잘 관리하라. 자신이 직접 재산을 상속받을 수도 있고, 자녀나 나이 드신 부모님, 그 친척들 혹은 자신의 배우자를 위해 일정한 재산이나 목돈을 마련하게 될 수도 있다. 풍요로운 미래를 설계하는 지금 이 순간도 행복하게 보낼 수 있어야 한다.

사랑/연애

현재 누군가를 사랑하고 있거나 앞으로 오래 지속될 수 있는 연인을 곧 만나게 된다. 어쩌면 결혼을 해서 집을 사고 가정을 꾸리고 노년까지 함께 할 인연일지도 모른다. 펜타클 10은 전통적인 가치관, 넉넉한 살림과 재산, 너그러운 인간관계를 반영하는 카드이다. 지금이 자신의 연인을 가족이나 가까운 친구들에게 소개하기 가장 좋은 순간이다.

직업/금전

가족이 함께 하는 사업을 진지하게 고민하는 상황이 온다. 가족의 전폭적인 지원이 있고 자금도 충분하다. 또는 절친한 지인과 동업할 기회가 생길지도 모른다. 직장의 경우 누군가 자신에게 넉넉한 아량을 베풀고 지지해줄 것이며, 그 반대로 자신이 누군가를 진심으로 아끼고 지지해주게 될 수도 있다.

정서/심리

집을 사거나 재산이나 부동산을 물려받을 가능성이 크다. 가족이나 자신이 속한 단체나 조직의 중요한 사람들로부터 분명히 인정받게 된다. 자신이 존경하는 연장자에게 조언을 구한다면 아낌없는 애정이 담긴 지원을 받을 수 있다. 그렇게 자신의 꿈에 더욱 가까이 다가갈 수 있을 것이다.

역방향

가족 문제로 힘겨운 시간을 겪고 있다는 의미이다. 부모나 형제자매, 혹은 배우자의 기대로 인해 힘들어 하며, 그들의 바람과는 달리 자신의 뜻대로 하고 싶은 상황일 수 있다. 아니면 재산을 둘러싼 갈등이나 가정불화가 생길 수도 있다. 이제 가까스로 편안하고 안락한 생활을 누릴 수 있게 되었기 때문에 더 나은 삶을 위한 변화를 꿈꾸면서도 이를 두려워하고 있을지도 모른다.

저널쓰기 ••••••••••••••••••••••••••

→ 여러분에게 물질적 성공이란 어떤 모습으로 나타나게 될까?

펜타클의
시종 *PAGE*

행운의 메신저가 안정된 삶이라는
행운의 소식을 전해준다.
침착하고 열정적으로 자신이 원하는
바를 추구하라.

. . . .

흙이라는 원소는 카드 속 시종이 자연은
물론 물질적 현실과 관련되어 있음을 보
여준다. '펜타클'의 시종인 만큼 다시 흙과
관련된다. 그 결과 실용적인 태도와 노력
의 성과가 두 배로 드러난다.
타로의 메신저 중 하나인 펜타클의 시종
은 젊은 활력을 상징하며, 인생의 유년이
나 청년 시기를 의미한다. 자기 내면의 어
린 아이가 전해주는 소식으로, 이는 미래
의 풍요로운 삶을 위해 바로 지금 그 씨앗
을 뿌리라는 소식으로 이해할 수 있다. 시
종은 아름다운 들판에 서서 자신이 들고
있는 펜타클을 자신 있는 표정으로 바라
보고 있다. 그가 걸친 녹색의 옷과 자연의
풍경은 그가 흙과 연결되어 있음을 보여준
다. 그는 펜타클에 시선을 고정한 채로 마
음속에 선명한 비전을 품고 자신의 목적을
달성하기 위해 여념이 없다.

정방향 키워드
실현, 빈틈없는 시작

역방향 키워드
꾸물거림, 명확한 계획이 없는 상황

원소 결합
흙X흙

일반적 의미

펜타클의 시종은 초심자일 수도 있으며, 낯설고 새로운 분야에서 인정받기 위해 노력하는 사람일 수도 있다. 이 카드는 어떤 일이든 작업의 첫 단추를 끼운 상황임을 의미한다. 이제 막 새로운 길이나 진로에 접어든 상황인 것이다. 그가 노력하여 추구하는 바는 단단한 현실에 뿌리박고 있어서 집중력과 꾸준한 노력을 통해 지속적으로 번창해 나갈 수 있다. 마음을 열고 다양한 곳에서 들려오는 소식에 귀 기울일 필요가 있다. 특히 자신의 직관이 들려주는 메시지에 주목해야 한다.

사랑/연애

새로운 연인을 만나 안정적인 관계로 발전하며 성장할 수 있다. 상대방은 자신의 목표를 달성하기 위한 만반의 준비를 갖추었고, 이제 당신과 함께 하는 공동의 목표에 주목하고 있다. 단단한 관계의 토대를 마련하는 것만큼 중요한 노력은 없다. 펜타클의 시종 카드는 낭만보다는 현실적인 사랑을 의미한다. 현실적으로 안정되고 신뢰할 수 있는 상대방을 만났을 때 낭만적인 인생을 꿈꿀 수 있기 때문이다.

직업/금전

직장이나 사업에서 번창할 수 있는 새로운 일이 시작되고, 새로운 투자 기회나 참신한 사업 아이디어가 떠오르게 된다. 어떤 것이 되었든 반드시 신중한 계획을 세운 후 실천에 옮겨야 한다. 새로운 진로나 관심, 기술이나 지식, 또는 새로운 돈벌이의 수단을 발굴할 필요가 있다. 지금까지 집중과 노력으로 꾸준히 성장해왔으니 서두르지 말고 아이디어를 실행에 옮겨 보자.

정서/심리

참신하고 획기적인 프로젝트를 시작하거나 건강한 일상을 살아가기 위해 신체적으로 또 정서적으로 자신을 돌보기 시작했다. 시작하고 나서 얼마 지나지 않아 흐지부지 될 수도 있지만, 이런 사실을 염두에 두고 늘 흔들림 없이 자신의 목표를 향해 나아가야 한다. 우선 자신의 직관을 믿고 구체적인 다음 단계로 올라서는 식으로 자신을 밀어붙일 수 있어야 한다.

역방향

중요한 목표를 미루고 있으니 구체적인 성과를 내고 싶다면 다시 목표에 집중하거나 문제의 접근 방식을 수정해야 한다. 목표를 달성하는데 진척이 없어 좌절하거나 성과를 빨리 내고 싶은 나머지 무리하게 서두르고 있다는 경고이다. 어떤 작업이나 활동에 노력을 아끼지 않는데도 바라는 대로 되지 않는다면, 진지하게 다른 방향으로 눈을 돌릴 필요가 있다.

저널쓰기 ⋯⋯⋯⋯⋯⋯⋯⋯⋯⋯

→ 여러분이 새로 들어서고 싶은 길은 무엇인가? 새로운 사업이나 진로 혹은 새로운 계획이 있다면 무엇일까?

펜타클의 기사 *KNIGHT*

삶의 번영에 이르려면 더디더라도
한결같은 발걸음이 필요하다.
진정한 성공은 지루한 경기와 같아서
서두르거나 재촉할 수 없는 법이다.

공기는 기사가 명료한 소통과 관련되어 있음을 보여준다. '펜타클'의 기사인 만큼 안정된 현실과 자연을 상징하는 흙과 관련된다.

말에 올라 탄 기사는 험난한 모험을 마치고 돌아와 당신이 원했던 자연의 선물을 건네주려고 한다. 이 펜타클의 기사에 등장하는 말은 움직이지 않고 가만히 서 있다. 이는 타로 카드 전체에서 유일하게 정지된 말의 이미지이며, 카드 속 말이 흙의 속성과 밀접하게 관련되어 있음을 강조하는 것이다. 펜타클의 기사가 탄 말은 보호나 방어를 상징하는 검은색으로 그려져 있다. 기사는 손에 든 펜타클을 신중한 표정으로 응시하고 있는데 이는 지성을 상징하는 공기의 속성을 반영한다. 펜타클의 기사는 당신이 바라던 풍요로운 삶을 가져오려면 자기 스스로 인내심을 발휘하고 현명한 판단을 내려야 한다는 걸 잘 알고 있다. 그는 사소한 일에도 주의를 기울이고 꼼꼼하게 행동하며 결국 풍요로운 삶을 일구어 낸다.

정방향 키워드
장기간에 걸친 풍요와 성공, 꾸준한 성장

역방향 키워드
우유부단, 나른한 자기만족

원소 결합
공기X흙

일반적 의미

펜타클의 기사는 벼락부자가 되는 방법이나 쉽고 빠른 지름길에 현혹되지 않는다. 그는 매일 꾸준히 노력해야만 오랫동안 보람 있는 성과를 낼 수 있다는 점을 잘 알고 있다. 이는 우리가 일상에서 매일 반복하는 일에도 그대로 해당된다. 자신이 좋아하는 일 뿐만 아니라 삶의 구석구석에서 철저하고 열심을 다해야 풍요로운 삶을 만들어 갈 수 있는 것이다. 도중에 지치지 않으려면 목표와 충분히 달성 가능한 행동 전략을 세워야 한다. 그렇게 되면 매일매일 성공하는 삶의 습관을 경험할 수 있을 것이다.

사랑/연애

연인이나 배우자로서 당신이 꿈꾸는 사랑의 목표는 짜릿하고 화려한 종류가 아니다. 오히려 안정감 있고 침착하며 서로 신뢰할 수 있는 관계이다. 열정보다는 느낌을 중시하는 사람이라 느긋한 태도로 사랑을 이어나가게 되어 있다. 당신과 상대방은 흥분과 열정이 아닌 신뢰와 안정을 추구하는 관계를 맺어나가게 된다. 서로의 관계가 지속되기를 바란다면 느긋하고 여유 있게 사랑하라.

직업/금전

자신이 한 투자가 지지부진한 성과를 내는 것 같다면 이럴 때일수록 신중해야 한다.

자연스럽게 관망하다보면 풍요로운 수익을 기대할 수 있다. 인내심을 발휘하고 현실적인 기대를 가지면서 목표를 향해 꾸준한 노력을 이어가야 한다. 구직 중이거나 이직, 혹은 새로운 경력을 고민하고 있다면 낙관해도 좋다. 시간이 걸리겠지만 절호의 기회와 마주치게 된다.

정서/심리

현재로서는 자신만의 목표를 염두에 두고 매일 사소하지만 의미있는 실천이나 건강한 생활 습관을 이어가는 것이 최선이다. 머지않아 건강 상태가 호전되거나 아니면 은행 잔고가 쌓이게 될 것이다. 도움이 필요한 경우 믿을만한 친구나 가족에게 의지하는 것이 좋다.

역방향

행동으로 옮기지 못하고 망설이고 있는 상황이다. 아니면 자신의 안일한 태도로 인해 직장이나 인간관계가 정체되어 있다는 의미이기도 하다. 내면을 들여다보고 스스로 자문해보라. 과연 삶의 어느 부분에서 긍정적인 변화가 필요한지, 그래서 삶의 방향을 다시 잡고 자연스러운 삶의 흐름을 이어가려면 어떻게 해야 할지를 말이다.

저널쓰기 ••••••••••••••••••••••••••

→ 펜타클의 기사가 나에게 주고 싶어 하는 선물은 무엇일까?

펜타클의
여왕 *QUEEN*

펜타클의 여왕은 자연과 깊은 관련이
있어서 보살펴주며, 누구나 기댈 수
있는 여성의 본질을 가지고 있다.

....

물이라는 원소는 여왕이 사랑이나 감정과
관련되어 있음을 보여준다. '펜타클'의 여
왕인 만큼 자연과 삶의 안정을 상징하는
흙과도 관련이 있다.

타로에서 여왕은 품어주고 창조하고 보살
피며 사랑하는 여성의 본질을 상징한다.
이는 물의 속성을 갖는다. 여왕은 자신의
왕좌 주변의 아름다운 꽃과 덩굴에 둘러
싸여 있는데, 여왕이 자연과 흙의 원소와
깊이 연결되어 있기 때문이다. 여왕은 신체
적으로 건강하며 자신의 직관을 따라 선
택하고 결정하는 존재이다. 그녀는 침착하
고 믿음이 가며 책임감 있고 현명하다. 펜
타클의 여왕은 펜타클을 애지중지하며 들
고 있다. 그녀의 시선은 펜타클을 향하면
서도 그 너머 풍요로운 대지도 눈여겨본다.
땅에 자신의 두 발을 단단히 딛고, 자신이
가진 무한한 자원을 모든 사람과 함께 나
누어야 한다는 점을 잘 알고 있다.

정방향 키워드
관대함, 믿고 기댈 수 있는 여유

역방향 키워드
물질에 대한 집착, 신뢰할 수 없는 성격

원소 결합
물X흙

일반적 의미

펜타클의 여왕은 믿고 의지할 수 있는 사람이나 자기 자신을 의미할 수도 있고, 지금까지 살아오며 서로 믿음과 보살핌을 주고받던 시절을 의미할 수도 있다. 스스로 질문을 던져보라. 자신을 믿고 지지했던 사람들의 특징은 어떠했는가? 나는 신체를 어떻게 돌보며 건강을 유지하는가? 그리고 어떻게 자연을 경험하며 스스로 충만한 느낌을 갖는가?

사랑/연애

자신을 잘 돌보아주며 믿고 의지할 수 있는, 관능적인 매력을 갖춘 연인이나 배우자를 의미한다. 혹은 당신의 연인이나 배우자가 당신을 그렇게 보고 있다는 의미이기도 하다. 자신과 상대의 관계가 믿음과 보살핌을 서로 주고받는 상황일 수도 있다. 지금의 사랑을 더 견고하게 지속하려면 반드시 서로 믿고 보살피면서 신체의 건강도 꾸준히 유지해야 한다. 펜타클의 여왕 카드는 모성을 발휘할 때라는 의미이기도 하다. 출산 또는 새로운 가정을 꾸리는 상황이 벌어질 수도 있다.

직업/금전

믿고 기댈 수 있는 직장 상사나 인생의 멘토 같은 분에게 조언을 구하라. 그렇게 되면 경력을 유지하고 개발하는데 큰 도움이 될 것이다. 목표에 가까이 다가설 수 있는 상황이니 자신의 직관에 따라 현명한 선택을 하게 되어 있다. 가족이나 가까운 친구들은 나를 아낌없이 지지해 준다. 이들 덕분에 충분한 능력을 발휘하고 직장이나 경력에서 성공을 달성할 수 있게 된다.

정서/심리

펜타클의 여왕이 나오면 어머니나 어머니 같은 존재와의 관계를 되돌아 보라는 의미이다. 자기 내면의 아이를 보살피거나 자녀와 깊은 유대 관계를 맺어야 한다는 말이기도 하다. 건강에 신경 쓰고 감정을 보살피며 자연 속에서 소중한 시간을 가져야 한다. 가정을 잘 돌보면서 요리를 하고 정원이나 식물을 가꾼다면 한결 마음이 편안해질 수 있다.

역방향

물질에 대한 집착이 우려되는 상황이다. 자신의 내면세계를 보살피면서 인생의 물질적 측면과 균형을 이룰 필요가 있다. 또는 더는 믿고 기대할 수 없는 사람이 주변에 있다는 의미이기도 하다. 무작정 실망하고 분노하기 보다는 어렵더라도 자신이 원했던 바를 상대에게 설명하고 서로의 기대와 입장을 조정해야 한다. 역방향으로 나온 펜타클의 여왕은 우리가 어떤 결정을 내릴 때 지나치게 영향력을 행사하는 인물을 가리키기도 한다. 다시 말해 누군가를 기쁘게 하거나 실망시키지 않기 위해 자신의 행복을 포기하는 실수를 저지르지 말라는 충고이다.

저널쓰기

→ 나는 자연과 자연이 베푸는 풍요로움을 어떻게 경험하고 있는가?

KING of PENTACLES.

펜타클의
왕 *KING*

펜타클의 왕은 권위와 포용력을
가지고 생각을 행동으로 옮긴다.
이런 남성적 활력은 흔들림이 없고
구체적인 현실에 뿌리박고 있다.

불은 왕이 열정, 실행력, 리더십과 관련되
어 있음을 나타낸다. '펜타클'의 왕인만큼
안정감과 자연을 상징하는 흙과 관련 있다.
타로에서 왕은 안정감, 권위, 건강한 남성
에너지를 대표하는 슈트의 지배자이다. 펜
타클의 왕은 불과 흙의 원소를 상징하며
이들 원소는 서로를 압도하지 않고 함께
조화를 이룬다. 왕은 포도 덩굴에 달린 잘
익은 포도로 뒤덮인 문양의 화려한 옷을
입고 꽃으로 장식된 왕관을 쓰고 있다. 그
는 호화로운 정원의 왕좌에 앉아 있으며
왕 뒤로는 웅장한 성이 살짝 보인다. 필요
한 것을 모두 갖춘 펜타클의 왕은 화려한
삶을 누리며 자신의 성 안에 살면서 일하
는 사람들을 부양한다.

정방향 키워드
부와 재산, 관대함, 아량

역방향 키워드
탐욕, 자기중심적 사고

원소 결합
불X흙

일반적 의미

펜타클의 왕은 금전적으로 넉넉하고 관대하며 추진력이 있는 사람을 나타낸다. 그 사람은 물론 나 자신일 수도 있고, 혹은 나로 하여금 리더십을 발휘하게 하는 상황일 수도 있다. 남들을 대신해 금전적인 결정을 내리고 목표 달성을 위해 구체적인 행동을 감행해야 하는 상황인 것이다. 다른 사람이 혜택을 누릴 수 있도록 자신의 능력과 재산을 활용하라는 요구이기도 하다.

사랑/연애

금전적으로 넉넉한 연인을 곧 만날지도 모른다. 아니면 현재의 관계가 금전적으로 안정되거나 더욱 책임감 있는 관계로 발전할 수 있다. 후자의 경우 당신은 결혼을 하거나 새로운 가정을 꾸릴 준비가 되었다는 생각이 들 수도 있다. 펜타클의 왕은 편안하고 금전적으로도 넉넉한 삶을 만끽하는 관계를 의미한다. 자신과 상대방 모두이 행복한 삶을 누리기 위해 함께 휴가를 떠나고 서로의 마음에 드는 선물도 아낌없이 준비하자.

직업/금전

점점 더 금전적으로 성공하고 그 결과 삶은 한층 더 안정된다. 자신의 목표를 이루는데 동업자나 투자자가 기꺼이 도움의 손길을 보내줄 것이다. 반대로 자신이 다른 사람들에게 도움을 줄 수도 있다. 예를 들어 그들에게 나의 인맥을 연결해주거나 자신의 분야에 진출하려는 사람에게 훌륭한 조언자의 역할을 할 수 있다.

정서/심리

자신을 지지해주는 아버지, 마음 속 아버지의 모습, 혹은 실제 자녀를 키우는 아버지로서 자기 내면이나 자기 주변에서 건강한 남성의 활력을 느끼고 있는 상황이다. 도움이 필요한 사람에게 자신의 시간을 내주고 삶의 열정을 바탕으로 자금을 지원하는 등 자신의 능력과 재력을 활용하여 한층 더 아량을 베풀 수 있는 방법을 강구할 필요가 있다.

역방향

지나치게 욕심을 내고 물질적 이익에만 치중하는 사람이다. 결과에만 연연하면서 밀어붙이는 아버지 같은 존재이거나 스스로 다그치는 나 자신일 수도 있다. 또는 겉보기만 치중하고 이기적으로 행동하는 사람과 갈등을 겪을 수도 있다. 현상에만 집착하지 말고 늘 그 안에 담긴 내막을 들여다볼 수 있어야 한다. 아니면 지금껏 자신이 쌓아 온 능력이나 재산을 나누고 싶지 않은 상황일 수도 있다. 혹은 자신의 관대한 태도가 문제를 더 키울 수도 있다.

저널쓰기

→ 어느 곳에서, 어떤 사람에게 더 많은 아량과 호의를 베풀어야 할까?

ACE of SWORDS.

PAGE of SWORDS.

KNIGHT of SWORDS.

QUEEN of SWORDS.

KING of SWORDS.

제 7 장

마이너 아르카나:
소드

· · · · · · · · · · · · · · · · · · ·

소드(검)는 공기의 속성을 지니고 있는데, 이와
관련된 별자리로는 쌍둥이자리, 천칭자리, 물병자리가
있다. 소드는 사고, 생각, 말과 글을 통한 의사소통을
상징한다. 말과 글을 통한 소통과 표현, 사고와 생각,
아이디어라는 소드의 속성을 쉽게 기억하려면 검과
관련된 표현을 떠올려보면 좋다.

'진실의 검' '마음 아픈 진실' '펜은 칼보다 강하다'.
다른 사람들에게 자신에 관해 험담하는 경우 등에
칼을 꽂는다는 의미로 "뒤통수친다(backstabbing)"
라고 말한다. 대부분 검^{sword}을 다양한 방식의 소통과
표현에 비유하지만, 좋은 의미로 쓰는 경우는 별로
없어 보인다.

· · · · · · · · · · · · · · · · · · ·

에이스 *ACE of*
소드 *SWORDS*

명료한 사고와 참신한 아이디어를 선물로 받게 된다. 신이 허락한 선물을 기쁜 마음으로 받아들이자.

에이스 소드는 명료한 통찰력과 참신한 아이디어를 통해 새롭게 출발할 수 있는 기회를 선사한다. 구름 속에서 신성한 손이 나타나 왕관을 쓴 검을 건네준다. 이 왕관은 의식과 명료한 생각을 상징하며, 왕관에서 아래로 늘어져있는 식물의 모습은 오랫동안 품어왔던 생각들을 의미한다. 이제 이 생각들을 실행에 옮길 준비가 되었으니 이미 승리의 화환을 거머쥔 것이나 다름없다. 검을 쥔 손 아래로 여러 겹의 산자락이 보인다. 이는 수평선 너머 저 멀리까지 바라볼 수 있는 차원 높은 의식을 의미하며 영적인 통찰력을 발휘할 수 있는 경지에 이르렀음을 의미한다.

정방향 키워드
명백함, 명쾌, 명료한 사고, 참신한 아이디어

역방향 키워드
혼동, 혼란과 착각, 우유부단, 애매모호, 결단력이 없음

수비학
1, 새로운 시작

일반적 의미

에이스 소드는 똑똑한 생각, 명료한 사고, 신속한 결정과 행동에 필요한 순간적인 통찰력을 가리킨다. 참신하고 획기적인 아이디어가 떠오르면 망설이지 말고 행동에 돌입해야 성과를 낼 수 있다는 의미이다. 곧바로 진지한 대화를 시도하거나 상대와 정면으로 마주할 수 있어야 이후 더 나은 결과를 낼 수 있다. 에이스 소드는 어떤 과정이든지 가슴 설레는 첫 단계를 상징한다. 우선 자신의 직관을 믿고, 행동하고 실천하는 다음 단계로 넘어가보자. 에이스 소드가 나오면 희망이 보이는 것이다.

사랑/연애

망설이지 말고 새로운 연인이나 만남을 찾아 나서자. 참신하고 선명한 아이디어가 떠올라 이에 맞춰 행동한다면 긍정적인 관계로 발전하게 된다. 현재 함께 하는 상대방과는 말이 잘 통하게 된다. 장차 만나게 될 상대와도 마찬가지이다.

직업/금전

획기적인 아이디어가 떠오르면서 자신의 업체나 사업을 확장할 수 있는 여력이 생긴다. 오랫동안 궁리했던 명료한 생각과 통찰력으로 현재의 금전 상태를 호전시킬 수 있게 된다. 자신만의 사업을 시작하거나 현 직장에서 승진하는 등 경력에 있어서 새로운 시작을 맞이하게 된다.

정서/심리

영적 수행을 심화하거나 초자연적인 직관을 키우라는 내면의 소리에 귀 기울여야 한다. 평범한 일상이든 명상 같은 영적 수행 중이든 어떤 영감이 떠오른다면 바로 행동으로 옮겨라. 구체적인 계획 같은 것은 고민할 필요가 없다. 직관의 도움으로 한 단계 더 발전하고 성장할 수 있다. 하지만 그러기 위해서는 반드시 용기를 내고 주저 없이 행동해야 한다. 가까이 지내는 친구나 지인들과의 소통이 원활해지고 관계가 더 좋아질 것이다.

역방향

말이나 생각이 혼란스럽거나 서로 소통이 잘 안 되고 있음을 의미한다. 이 답답한 상황이나 관계를 해결하기 위해 혼자 틀어박혀 지나치게 따지고 분석하지 말고 구체적인 해명이나 필요한 정보를 요청할 수 있어야 한다. 정면 대응은 어렵지만 오해나 상처를 해소하는데 이보다 더 좋은 방법은 없다. 답답한 느낌이 들거나 스스로 우유부단하게 행동하고 자신의 말을 듣지 않는다는 생각에 사로잡혀 있을 수 있다.

저널쓰기

→ 에이스 소드는 명료한 생각이나 말이나 행동을 의미한다. 이 카드가 내게 선물하는 명료함은 과연 어떤 것일까?

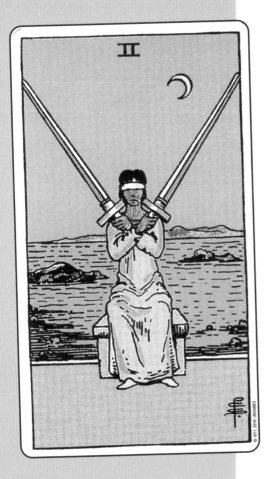

소드 *2*

진실과 마주하지 않으면 직관은
차단되고 더 이상 앞으로 나아갈
수 없다. 그 결과 당신은 늘 모호한
상황에 처하고 만다.

선택지가 많아지면 망설이다 과감한 선택
을 하지 못하게 된다. 소드 2는 어느 한 가
지에 집중하지 못하는 선택의 장애를 의미
한다. 눈을 가린 여성은 앞을 볼 수 없기에
오직 자신의 직관에만 의존해야 한다. 그
리고 마치 고통으로부터 자신을 보호하기
라도 하듯 가슴 근처에 두 자루의 검을 꽉
쥐고 있다. 그녀의 등 뒤로는 바위가 드러
난 바다가 보인다. 그녀는 이 사실을 모르
는 척 하지만 그녀의 마음은 이를 분명히
알고 있다. 그녀는 결단을 내려야한다. 하
지만 결정에 따르는 고통이 두려워 이러지
도 저러지도 못하고 있다.

정방향 키워드
우유부단, 자기방어, 결단력이 없음

역방향 키워드
조작이나 은폐, 직관이 차단됨, 속임수

수비학
2, 이원성, 선택

일반적 의미

결정을 못하고 미루는 상황은 아예 아무 것도 하지 못하면서 느끼는 불안처럼 고통스럽기만 하다. 잘못된 선택을 할까 두려워 망설이다가 그만 답보 상태에 빠지고 만다. 이런 경우 외부의 도움과 조언을 받아들이면 한결 마음이 편해지겠지만, 궁극적으로는 자신의 직관에 귀를 기울이고 그 직관에 맞추어 행동할 때만 원하는 바를 이룰 수 있다.

사랑/연애

연인이나 배우자와의 관계에서 위험 신호를 눈치 채지 못하거나 어떤 결정을 내리지 못한 채 망설이고 있는가? 두 명의 연인 중 어느 한 명만 선택해야 할 수도 있고, 현재의 연인과 관련해서 복잡한 생각과 선택을 두고 고민할 수도 있다. 고통이 두려워서 갈등이나 정면 대결을 회피한다면 자신이 할 수 있는 일은 거의 없게 된다. 사랑을 있는 그대로 받아들이고 두려운 생각이나 불안은 솔직하게 표현해 보자.

직업/금전

직업이나 경력 혹은 투자와 관련한 결정을 내리기 전에 여유를 갖고 모든 선택지를 고려해야 한다. 결과가 좋지 않거나 실패할까봐 금전이나 투자 관련 선택을 미루거나 우유부단하게 처신하고 있다. 너무 오래 망설이면 안 된다. 자기 내면의 목소리나 확신에 귀를 기울이고, 본능적으로 마음에 드는 선택을 내려 보자.

정서/심리

과거에 겪었던 두려움 때문에 다시는 고통을 겪지 않으려고 마음의 문을 꼭 닫고 있다. 중요한 결정에 앞서 충분한 시간을 들여 생각을 정리하는 게 좋겠지만 그렇다고 너무 오래 고민하면 안 된다. 결정을 내리지 못해 망설이는 소극적인 태도에 사로잡힐 때마다 다음의 사실을 명심하자. 오직 자신만이 최선의 선택을 할 수 있다고 말이다. 자신을 의심하지 말고 과감하게 선택하고 결정할 수 있어야 한다.

역방향

다른 사람의 생각이나 의견에 지나치게 휘둘리고 있는 상황이다. 그 결과 자신이 생각하는 명확한 메시지를 무시하고 있다. 진정 자신이 원하는 결정을 내리고 싶다면, 타인의 의견을 듣는 대신, 자기 내면의 확신에 귀 기울일 수 있어야 한다.

저널쓰기

→ 소드 2 카드처럼 자신의 삶에서 마주해야 하는 어려운 선택은 무엇이 있을까?

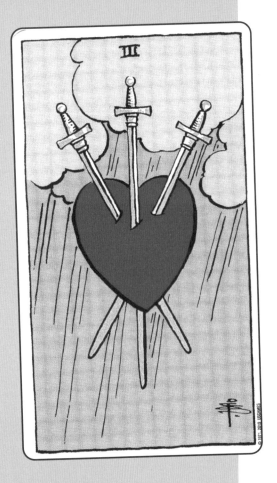

소드 3

고통은 찰나에 불과하지만,
있는 그대로 고통을 받아들이지
못하면 그 기억은 오래도록 남게된다.

폭풍이 내리치는 하늘에 선홍색 심장이 매달려 있고, 세 자루의 검이 그 심장을 찌르고 있다. 이 세 자루의 검은 상처 주는 언행, 부정적인 생각, 그리고 마음 속 깊이 자리 잡은 고통스러운 기억을 상징한다. 하늘은 마음을 이루는 감정, 사고, 직관 중에서 사고를 상징하는데, 하필 슬픔으로 가득 차 있다. 하늘에서 내리는 비는 감정을 표현하는데, 카드 속 의미는 억눌린 감정을 해소하고 애달픈 경험에서 벗어나야 한다고 말해준다.

정방향 키워드
슬픔, 고통, 비통, 비애, 아픔

역방향 키워드
회복, 고통이나 상처의 치유

수비학
3, 협력, 확장

일반적 의미

소드 3카드는 가슴 아픈 진실과 마주하고 진실에 따르는 고통을 인정하고 받아들일 수 있는 기회를 보여준다. 이는 현재 자신이 처한 상황일 수도 있고 현재까지 영향을 미치는 과거의 사건일 수도 있다. 자신의 집착과 감정에 연연하지 않아야 이 카드의 의미를 직관적으로 이해할 수 있다. 자신을 탓하지 말고 애정 어린 눈으로 지금의 감정을 받아들이자. 그래야만 억눌린 감정에서 벗어나 그동안의 고통에서 벗어날 수 있다. 이 불편한 감정을 모두 비워내야만 자신이 향하는 길에 더 나은 것이 들어설 수 있다.

사랑/연애

과거나 현재의 연인이나 배우자로부터 받은 상처나 실망으로 힘들어 하고 있다. 힘들겠지만 가슴 아픈 진실이나 상대방의 배신 혹은 거절 행위를 있는 그대로 받아들이는 게 중요하다. 그래야만 자신의 감정과 화해하고 자신을 치유하고 돌볼 수 있다. 거절당해도 나쁠 게 없다. 연연하면 안 된다. 더 나은 결과가 기다리고 있다.

직업/금전

직업이나 경력과 관련해서 답답하고 슬픈 감정에 시달리고 있다. 아마 일자리를 잃었거나 실망스러운 소식만 들려오기 때문일 것이다. 직장 동료와 언쟁을 했을 수도 있다. 불편한 진실과 정면으로 마주하는 게 쉬운 일은 아니다. 하지만 이 실망스러운 감정과 화해하고 고통에서 회복되어야 다시 새로운 방향으로 나아갈 수 있다.

정서/심리

꾸준하게 영적 수행을 이어가면 힘들고 고달픈 시기를 헤쳐나갈 수 있다. 가슴 아프고 실망스러운 사건을 자신을 성찰하는 교훈으로 받아들여야만 스스로를 더 잘 이해하고 성장할 수 있다.

역방향

아직도 슬픈 감정이 들지만 실망과 상처로 얼룩진 고통에서 서서히 벗어나고 회복되고 있다. 한없이 이어지는 슬픔은 없다. 새로운 인생 경험을 기다리며 미래를 내다볼 수 있어야 한다. 한편 새로운 상황과 마주할 때는 이전의 상처를 떠올리며 두려워해서는 안 된다.

저널쓰기 ∙∙

→ 내가 겪은 슬픔이 내게 전해주고 싶은 이야기, 교훈이나 의미는 무엇일까? 이 슬픔에서 배울 수 있는 다른 의미나 교훈이 또 있는가?

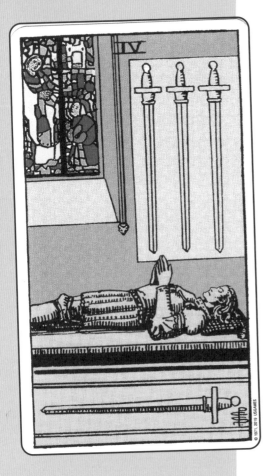

소드 *4*

잠시 멈춰 휴식하고 생각을 정리하는 일은 삶의 필수적인 과정이다. 그래야만 활력이 증가하고 생각이 맑아져서 다시 앞으로 나아갈 수 있다.

치열하게 살다보니 지칠대로 지쳐있다. 소드 4 카드는 시간을 내어 자신의 내면을 바라보고 휴식하면서 다시 기력을 회복하라는 의미이다. 카드 속 기사는 마치 무덤 위에 누워 있는 조각상처럼 보이지만, 이 장면은 죽음과는 무관하며 오히려 깊은 휴식을 상징한다. 기도하는 것 같은 기사의 손 모양은 명상, 요가, 다양한 종교 의식에서 보이는 자세와 비슷하다. 무덤의 관은 침묵을 의미하며 세상의 소음에서 벗어난 침묵의 시간을 떠올리게 한다. 벽에 걸린 세 자루의 검은 기사로 하여금 투쟁의 무기를 내려놓으라고 타이른다. 카드 아래에 보이는 한 자루의 검은 필요하면 언제든지 집어들 수 있는 기사의 순발력을 상징한다.

정방향 키워드
휴식, 평정, 자기 성찰, 정체

역방향 키워드
초조와 불안, 생각 없이 사는 일상

수비학
4, 구조, 안정

일반적 의미

소드 4 카드는 전체 검 카드에서 심신의 회복기를 의미한다. 이 카드는 휴식하며 생각을 내려놓고 자신을 성찰하는데 집중하라고 말해준다. 스트레스를 받거나 불안해지면 명상을 하고 잠을 청하는 게 좋을 것이다. 휴식할 수 있어야 마음의 여유를 되찾고 고민이나 문제를 해결할 수 있는 기발한 생각이나 내면의 목소리를 들을 수 있기 때문이다. 휴식하며 회복하는 동안 자신을 뒤돌아보고 호흡명상을 하는 것이 좋다. 아울러 심신을 안정시킬 수 있는 다양한 방법을 궁리하며 직접 실천해보자.

사랑/연애

잠시 연애 활동을 멈추고 현재의 연인과의 만남도 조금 자제하면 기적처럼 특별하고 소중한 인연과 만날 수 있다. 자청해서 혼자만의 시간을 가져야만 자신에게 가장 소중한 것을 알아볼 수 있고 온전히 자신에게 집중할 수 있다. 그리고 나서 다시 연애나 사랑을 시작해야 한다.

직업/금전

직장에서 이런 저런 이유로 과도한 스트레스에 시달리고 있어 반드시 휴식이 필요하다. 휴가를 내어 잠시라도 직장 업무에서 벗어나 휴식해야만 다시 활력을 되찾을 수 있다. 매일 매일 스트레스나 불안을 다스릴 수 있는 요령이나 방법을 궁리해보자. 그래야만 업무 능률도 증가하고 지속적으로 활발한 정신 활동을 이어갈 수 있기 때문이다.

정서/심리

차분하게 집중할 수 있는 시간을 내서 명상과 영적 수행에 집중하면 엄청난 효과를 경험하게 된다. 고독하게 자신을 성찰하며 살아갈수록 심신의 건강과 행복이 증대하게 되어 있다. 회복 카드인 소드 4 카드는 일체의 질병으로부터 회복하는 시기와 관련되는데, 병원에서의 수술이나 심리 치료 혹은 심리 상담을 받아야 할 시기를 나타내기도 한다.

역방향

초조하고 불안하거나 혼자만의 시간을 통해 자신을 성찰하지 않으려는 상황을 의미한다. 일단 추진력이 생기면 도중에 그만 두고 싶지 않겠지만 내면에 평화가 깃들어야 능률과 효율을 지속적으로 발휘할 수 있다. 한편 역방향 카드는 과로나 여타 이유로 심신이 탈진되기 직전의 상황을 경고한다. 반드시 휴식을 취하고 회복의 시간을 가져야만 심신의 균형과 성과를 이루어낼 수 있다.

저널쓰기 ••••••••••••••••••••••••••••••••••

→ 불안을 잠재우고 마음을 편안하게 가지려면 어떻게 해야 할까?

소드 5

갈등을 좋아하는 사람은 아무도
없을 것이다. 질 수 밖에 없는
싸움일지라도 품위 있게 물러서는
법은 있기 마련이다.

소드 5 카드에는 투쟁과 갈등이 겹겹이 숨
겨져 있다. 의기양양한 젊은 남성이 한 손
에 두 자루의 검을 쥐고 있다. 다른 한 자
루는 땅을 겨누고 있으며 나머지 두 자루
는 그의 발치에 놓여 있다. 저 멀리 싸움에
서 패배한 두 사람이 누가 봐도 속상한 모
습으로 물가 쪽으로 걸어가고 있다. 소드 5
카드는 결투가 끝나고 갈등과 복잡한 감정
이 교차하는 상황을 보여준다. 즉, 갈등, 상
실과 패배, 혹은 소중한 관계나 인연마저
져버리고 승리하고 싶은 상황이 강조된다.

정방향 키워드
갈등과 대립, 언쟁과 의견충돌

역방향 키워드
갈등의 해소, 앙심이나 원한을 내려놓기

수비학
5, 시련, 갈등

일반적 의미

갈등이 빚어지고 언쟁과 분쟁이 이어지는 상황은 삶의 자연스런 과정으로 볼 수 있다. 하지만 이런 갈등의 순간 중심을 지킬 수 있어야만 성장할 수 있다. 갈등의 빌미를 제공한 게 자신은 아닌지 고민해보자. 마지막 순간 그 말을 꼭 했어야 했는지? 이렇게 힘겨루기를 해서 과연 무엇을 배울 수 있을지? 앙금만 깊어지는 상황이라면 한 발 물러서는 게 최선의 방법이다.

사랑/연애

갈등을 봉합할 수 있다면 언쟁이나 불편한 대화도 시도해야 한다. 상대방 때문에 혹은 현재의 관계를 이어가다 보니 늘 패배감이 든다면 오히려 그 관계를 정리하는 것이 나을 수 있다. 이전의 열정을 회복하고 강렬한 관계를 이어가고 싶어서 상대방과 언쟁을 하는 습관은 전혀 도움이 되지 못한다. 훨씬 더 생산적이며 서로 도움이 될 만한 다른 방법을 모색해야 한다.

직업/금전

직장 동료와 말싸움을 하거나 자신에게 노골적으로 적대감을 드러내는 동료들이 있을 수 있다. 혹은 자신을 무시하는 까다로운 상사 때문에 힘겨워 할 수도 있다. 원만하게 해결할 수 없는 직장 분위기, 팀원들, 또는 업무나 프로젝트로 힘에 부치는 상황이라면 거기에서 빠져나올 만한 적합한 시기를 알아야만 한다. 자신에게 해가 되는 상황은 가급적 멀리하라는 본능적인 판단에 귀를 기울여보자.

정서/심리

화나 짜증이 나는 일이 있다면 별도로 시간을 내어 자신의 생각과 감정을 돌아보자. 그리고 이렇게 감정적으로 불편한 상황에서도 겸손한 태도로 양보하고 용기를 발휘해 타협을 시도하는 내면의 힘을 발휘할 수 있는지 진지하게 고민해 봐야 한다. 가족 혹은 가까운 친구와 갈등을 겪을 때 이 갈등의 원인을 찾는데 주력할 수 있다면 갈등은 봉합되고 관계도 회복될 수 있다. 마음의 상처는 감추기보다 적극적으로 표현하는 것이 말과 생각 모두 더 잘 통하게 되어 있다.

역방향

과거는 잊고 해묵은 원한은 해소하면서 앞으로 나아가라는 의미이다. 누군가와 갈등을 겪었다면 내 입장에서 더욱 양보하고 타협하도록 노력하자. 누군가를 용서하고 갈등을 매듭지어야 한다는 생각이 문득 떠오를 수 있다. 직접 말하지 않아도 마음속으로 누군가를 용서하면 마음은 한결 가벼워질 것이다.

저널쓰기

→ 갈등을 노골적으로 표현하는 게 좋을까? 아니면 갈등을 봉합하려고 타협하는 게 좋을까?

소드 6

전진한다는 것은 현재를
낙관하면서도 미래를 향한 희망을
버리지 않는다는 말이다.
최악의 상황은 지나갔으니
앞으로 나아가자.

한 차례 갈등과 시련이 불어 닥치고 나면
이제 소드 6 카드가 선사하는 한가로운 여
정을 떠날 차례가 온다. 세 명의 인물이 등
을 보인 채로 배를 타고 출렁이는 물결을
지나 잔잔한 물결 쪽으로 옮겨간다. 그들
이 향하는 곳은 저 멀리 평온한 해안이다.
노를 젓는 사람은 행동 지향적인 남성의
활력을 상징하고, 머리까지 천을 두르고
가만히 앉아 있는 사람은 여성적인 직관
을 상징하며, 여성 곁에 앉아 있는 아이는
우리 내면 속 어린아이, 즉 미성숙한 인격
을 상징한다. 이들 앞에 보이는 여섯 자루
의 검은 앞으로 전진하는 생각의 흐름을
의미한다. 이런 생각들이 감정을 나타내는
물 위로 안전하게 지나가고 있다.

정방향 키워드
전진, 치유와 회복을 위한 여행

역방향 키워드
힘겹고 더디게 전진하는 상황,
제자리걸음

수비학
6, 균형, 조화

일반적 의미

다행히 갈등에서 벗어났으니 생각과 감정에 깃든 혼란과 우울을 극복하라고 종용하고 있다. 소드 6 카드는 액면 그대로도 혹은 은유적으로도 해석할 수 있다. 왜냐하면 치유의 여정과 행위가 이뤄지는 곳이 자신의 내면세계일 수 있지만, 이와 달리 실제 여행을 떠나 전혀 다른 장소에서 치유와 회복을 경험할 수도 있기 때문이다. 만일 이 카드가 실제로 여행을 암시한다면 그 여행은 자신에게 도움이 될 뿐만 아니라 치유와 회복을 위한 중요한 경험이 될 것이다.

사랑/연애

현재의 관계를 한층 더 발전시키려 노력하고 있거나 더 행복한 시절을 기다리며 나름 힘겨운 시간을 보내고 있을지도 모른다. 상대방과 함께 살거나 이사를 해서 가정을 꾸리거나 아이를 낳는 것을 진지하게 고민해 볼 수 있다. 함께 하는 사람들 모두가 행복할 시간이 다가오고 있다.

직업/금전

머지않아 직장을 그만 두거나 이전의 고민거리에서 벗어난 더 나은 경력이나 취업 기회가 찾아오게 된다. 금전적으로도 긍정적인 변화를 맞이하게 되어 있다. 취업이나 이직 등의 이유로 이사할 수 있으니 그런 기회가 생기면 그대로 따르면 된다.

정서/심리

영적 차원에서 혹은 치유의 차원에서 새로운 단계에 막 들어섰다. 수많은 갈등과 시련을 겪고 심신의 평안을 경험할 순간이 이제 서서히 다가오고 있다. 조만간 이사를 가도 좋고 여행을 떠나도 좋다. 그간 힘들었던 당신에게 경이로운 일이 벌어질지도 모른다.

역방향

힘겨운 상황에서 헤어 나오지 못한 채 기약 없이 시간만 허비하거나 스스로 무력한 상황에 갇혀 있다. 꼭 매듭지어야 할 문제가 무엇인지 확인하고 자신의 직관을 믿고 문제 해결에 나서야 한다. 혹은 여행 계획을 잡아도 쉽게 떠나지 못하고 지연될 수 있다. 예정에 맞춰 그대로 밀어붙이지 말고, 자신이 처한 현재의 상황에 주목하고 중요한 것에 집중해야 한다.

저널쓰기

→ 만일 여러분이 카드 속의 배를 타고 간다면 어디를 향해 나아가야 할까?

소드 7

직관의 소리를 들을 수 있어야
자신이 도둑맞은 것이 무엇인지,
혹은 자기 발아래 숨겨져 있는 게
무엇인지 알 수 있다.

소드 7 카드에서는 타로에서 악명 높은 도둑이 등장한다. 능글맞게 미소 짓는 한 남성이 다섯 자루의 검을 들고 몰래 도망치고 있다. 그는 발끝으로 걸으며 텐트에서 도망 나오고 있는데, 두 자루의 검은 그대로 두고 나왔다. 노란색의 배경은 의식이 자각된 상태를 의미하는데, 남몰래 도둑질을 하는 게 아니라 백주 대낮에 버젓이 일을 벌이고 있음을 잘 알 수 있다. 모든 검이 그러하듯 일곱 자루의 검도 획기적인 아이디어, 생각, 대화나 소통을 상징한다. 따라서 당신이나 혹은 다른 사람은 실체가 있는 물건만을 훔치는 게 아니다.

정방향 키워드
기만과 속임수, 음모, 전략

역방향 키워드
무질서, 혼란한 생각

수비학
7, 계획, 숙고

일반적 의미

소드 7 카드는 상대를 혹은 자기 자신을 기만하거나 거짓말을 하는 상황을 경고한다. 즉, 누군가가 당신을 속이고 있거나 반대로 당신이 누군가에게 거짓말을 하고 있는 것이다. 또한 자신이 원하는 바를 솔직히 털어놓기 보다는 남몰래 계획을 세우거나 음모를 세우고 있음을 보여준다. 두 자루의 검이 그대로 남아있는 것은 자신의 생각을 솔직하게 털어놓고 정정당당하게 행동하면 불리해 보이는 상황도 얼마든지 반전시킬 수 있다는 의미이다. 그러므로 소드 7 카드가 나오면 자신이 정면으로 받아들여야 하는 게 무엇인지 스스로 자문해 보아야 한다.

사랑/연애

보이는 게 전부가 아니다. 상대방은 거짓말을 하거나 뭔가를 숨기고 있다. 혹은 여러분 스스로 사건의 전말을 은폐하고 있는지도 모른다. 이제 숨김없이 터놓고 연인이나 배우자와 솔직한 대화를 시도해보자.

직업/금전

정직하지 못한 행동이나 발언은 직장생활에 불리하게 작용한다. 자신이 원하는 것을 얻으려면 명확한 계획을 준비해야 한다. 그렇지 못하면 상황이 더 복잡해지기 전에 업무나 직장을 그만두는 게 낫다. 금전이나 재정 상황이 여의치 않다면 이를 애써 무시하지 말고 상대방에게 솔직하게 털어놓아야 한다.

정서/심리

사생활과 관련해서 남들에게 보여주고 싶지 않았던 점이 있을 것이다. 하지만 더 늦기 전에 마음을 터놓고 솔직하게 이야기해야 한다. 한편 주변에 당신을 마음대로 이용하고 아이디어를 가로채거나 당신의 소중한 시간을 갉아먹는 사람이 있다. 이를 경계해야 한다. 인간관계, 주변 상황, 혹은 행동이나 처신과 관련해서 모른척하며 스스로 기만하게 되면 머지않아 더 가슴 아픈 일이 벌어지고 만다.

역방향

계획이나 전략이 불리하게 작용하므로 처음과 다른 방식으로 문제에 접근해야 한다. 원래의 계획이나 아이디어를 포기할 필요는 없다. 다만 다시 생각을 정리해서 다른 각도에서 문제를 바라볼 수 있어야만 한다. 한편 역방향 카드는 혼란스러운 생각이나 그릇된 믿음을 의미할 수도 있는데, 누군가 자신을 해코지하거나 자신을 방해하는 문제가 있다고 착각하는 경우를 말한다. 자신의 내면의 목소리에 귀를 기울여보자. 그래야만 두렵고 그릇된 생각과 진실하고 올바른 직감을 구별할 수 있다.

저널쓰기 ••••••••••••••••••••••

→ 카드에 보이는 검의 주인은 과연 누구일까? 카드 속의 인물은 왜 이 검을 훔쳐 도망가려는 걸까?

소드 *8*

두려워서 뒤로 물러서거나 현실에
갇혀 지내면 안 된다.
단호한 심정으로 인내심을 발휘하면
앞으로 나아갈 수 있는 길이 보인다.

· ·

소드 8 카드가 나온다면 갑갑하고 불편한
여러 제약들과 마주할 준비가 되어 있다고
볼 수 있다. 물론 이는 자기가 스스로 자초
한 상황일 수도 있다. 카드 속 여성의 눈
은 가려져 있고 몸은 결박되어 있는데, 한
치도 움직이지 못할 만큼 꽉 묶여있는 것
은 아니다. 그녀는 해변에 물이 들어오기
를 기다리며 서 있는데, 여덟 자루의 검이
주변 모래땅에 꽂혀있고, 저 멀리 성이 어
렴풋이 보인다. 눈가리개로 인해 그녀는 앞
으로 난 길을 볼 수 없고, 몸이 묶여 있어
원하는 대로 움직일 수도 없다. 하지만 칼
끝은 그녀를 향해 있는 것이 아니라 단지
그녀를 둘러싸고 있을 뿐이다. 이는 위험
을 자각하고 두려움을 느끼고 있다는 의
미이다. 또는 과거에 발목이 잡혀 아직도
해결하지 못한 채 남아있는 문젯거리들을
의미한다.

정방향 키워드
답답한 느낌, 구속과 제약

역방향 키워드
해방과 자유, 우유부단

수비학
8, 운동, 변화

일반적 의미

소드 8카드는 불리한 상황, 과거, 불확실하고 두려운 심정에 사로잡혀 답답한 상황을 보여준다. 어울리지 못하고 따로 떨어진 느낌이 들거나 자신의 생각이나 느낌을 자유롭게 표현하지 못하는 무력감을 의미한다. 앞으로 한 발짝도 나아가지 못하면서 변명을 늘어놓고, 모두 다 속으로 감추고 드러내지 않는데다, 변화의 여력이 없어 무력하기만한 상황이 모두 여기에 해당한다. 다시 활력을 되찾아야만 앞으로 나아갈 수 있다. 우선 자신이 진심으로 원하는 것을 향해 아주 조금만 다가서보자. 자신을 믿고 인내심을 발휘해야 한다. 인내하고 견딜 수만 있다면 마침내 원하는 바를 얻을 수 있을 것이다.

사랑/연애

더 이상 관계가 진전되지 않고 막다른 골목에 처한 상황일 수 있다. 하지만 여기서 포기하거나 후퇴해버리면 이는 다분히 무모한 선택에 불과하다. 혹은 새로운 연인을 만났을 때 상대방에게 상처를 받지는 않을까 두려워하며 힘들어 하고 있을지도 모른다. 하지만 이런 걱정은 단지 상상 속의 것이니 마음을 열고 마음껏 사랑해보자.

직업/금전

아마 맘에 들지 않는 업무나 직장 생활을 하면서 전망없는 삶을 살고 있다는 의심이 들 때가 있을 것이다. 혹은 실패할까 두려워 직업이나 경력 차원에서 새로운 도전은 엄두도 못내고 있을지도 모른다. 아니면 돈이 바닥 날 수 있다는 걱정 때문에 생각과 처신에 늘 제약이 있다. 명심할 것은 당신은 혼자가 아니라는 사실이다. 당신은 충분히 노력했으니 이런 집착에서 벗어나려면 자신이 미처 보지 못하는 게 무엇인지 되돌아봐야 한다.

정서/심리

자신이 가야할 길과 부합하지 않는 답답한 상황에 갇혀 지내 왔다. 이 막다른 길목에서 벗어나고 싶어 하지만 막상 어떻게 해야 할지는 모르고 있다. 적극적으로 손을 내밀어 도움을 청해야 한다. 혼자서 힘겨운 싸움을 이어가면 안 된다.

역방향

이제 자기 스스로 정해놓은 한계와 제약에서 벗어나고 있다. 그렇게 앞으로 계속 나아가야 한다. 아니면 자신이 발전하는 데 기여할 수 있는 행동을 취하지 못하고 망설이거나 손을 놓고 있는 상황이다. 여기서 멈춰서는 안 된다. 그렇게 되면 원래의 자리로 다시 돌아갈 뿐이다.

저널쓰기

→ 삶의 중요한 변화를 이뤄내지 못하도록 나를 방해하고 있는 건 무엇일까?

소드 *9*

걱정과 불안으로 쉽게 잠들지
못하고 있다. 어떻게 해야 이 걱정과
스트레스를 덜어낼 수 있을까
여러 가지로 고민해보자.

소드 9 카드는 힘겹고 가혹한 카드인데, 불
안한 생각과 걱정이 한꺼번에 밀려와 결국
밤잠을 설치게 만든다. 한 여성이 어두운
밤 홀로 침대에 앉아있고, 아홉 자루의 검
이 그녀의 머리 위에 걸려있어 불길하기 짝
이 없다. 이 검들은 과연 진짜일까? 아니면
최악의 시나리오를 상상해 본 것일까? 그
녀가 덮고 있는 이불에는 사랑을 표현하는
붉은 장미가 새겨져 있는데, 이는 그녀가
두 눈을 뜨고 올바르게 볼 수 있다면 그녀
를 향한 연민이 바로 가까이에 있다는 사
실을 의미한다.

정방향 키워드
근심, 걱정, 불안

역방향 키워드
희망의 부재, 절망과 낙담

수비학
9, 완성에 다가서는 순간, 고독

일반적 의미

걱정과 불안으로 눈앞의 현실을 올바르게 직시하지 못하고 있는 상황이다. 지나친 걱정으로 건강을 해치고 삶의 질이 떨어지게 되면 삶의 태도와 마음가짐을 바꿀 때가 된 것이다. 심신의 건강을 챙길 수 있는 요령과 대처법을 익혀 실천해보고 이마저도 힘겹다면 누군가에게 도움을 요청할 수 있어야 한다. 꾸준히 일기나 노트를 작성하면 복잡한 생각을 글로 표현할 수 있고, 그 과정에서 걱정과 근심을 덜어낼 수 있는 요령이 생기게 된다. 다행스러운 건 부정적인 생각이나 소모적인 감정은 일시적이어서 어느새 조용히 사라지고 만다는 것이다.

사랑/연애

갈등이 없는 관계는 없다. 건전한 연인이나 배우자들도 똑같이 갈등을 경험한다. 하지만 초조하고 답답해도 해결할 수 있는 문제는 하나도 없다. 그러니 시간을 내어 연인이나 배우자와 진지하게 대화해 보고 믿을 수 있는 친구에게 속마음을 털어놔 보자. 불행은 잊혀질만 하면 다시 찾아오고 마음은 더 초조하고 불안해진다. 그것이 연애나 사랑 문제로 걱정해봐야 아무 소용 없는 이유이다. 그러니 수단과 방법을 불문하고 먼저 마음을 가다듬는 데 최선을 다해야 한다. 그리고 대화와 소통만이 유일한 해결책이라는 사실을 명심하자.

직업/금전

걱정, 근심, 혹은 금전적인 문제로 인해 잠을 설치고 일에 집중하지 못하며 힘들어할 수 있다. 직장과 경력을 떠올리며 고질적인 불안에 시달리게 될 지도 모른다. 과중한 업무량에 허덕이고 있다면 남들이 나를 어떻게 생각할까 고민하지 말고 적극 도움을 요청해야 한다.

정서/심리

스트레스와 불안은 건강에 좋지 않다. 자신만 혼자라는 생각이 들거나 오직 한 문제에 매달려 같은 생각만 반복할 수 있다. 일기를 써보거나 자연을 벗 삼아 산책을 하고 다른 사람과의 만남을 통해 이런 부정적인 생각들을 떨쳐내야 한다.

역방향

소드 9 카드의 경우, 정방향과 역방향의 의미는 큰 차이가 없다. 다만 역방향이 나올 때 절망감은 한층 심각해 보이는데, 우울증이나 갑작스레 심리적 공황상태가 발생할 수도 있다. 하지만 다행인 것은 이런 부정적인 감정도 그 수명을 다하고 있다. 이 우울한 감정들은 조만간 사라지고 결국 잊히고 말 것이다. 혹시 너무 고통스럽고 힘이 들어도 자신을 탓하며 원망해서는 안 된다. 그 누가 되었건 주저하지 말고 도움을 청하자.

저널쓰기

→ 부정적인 생각에 사로잡혀 불안하고 초조해지기 쉽다. 어떻게 해야 이 불안한 순간에서 헤어 나올 수 있을까?

소드 *10*

과거의 교훈은 소중히 간직하고
동이 터오는 새 날을 기쁘게
맞이하자. 끝이 있는 곳에 늘 새로운
시작이 있다.

소드 10 카드에서 밝게 동이 터오고 있다.
한밤의 어둠은 물러나고 아름다운 아침노
을이 밝아온다. 아침의 고요한 빛이 저 멀
리 산과 바다를 비추어오는데, 카드 정면
에는 한 남성이 땅바닥에 누워있다. 그의
등에는 열 자루의 검이 꽂혀 있다. 소드10
카드에는 죽음과 탄생이라는 두 개의 에
너지가 모두 반영되어 있고, 고통의 시간
이 저물고 다시 희망의 순간이 찾아온다는
사실을 상기시켜 준다. 카드 속 남성은 다
시 일어나겠지만, 그렇다고 그의 등에 꽂혀
있던 검이 모두 사라지는 것은 아니다. 그
는 자신의 등에 꽂힌 검을 잘 알고 있다. 등
의 검은 단순히 상처가 아니다. 오히려 의
미 있는 삶의 경험이며 인생 경험에서 터
득한 소중한 교훈이다.

정방향 키워드
종결, 완성, 새로운 시작

역방향 키워드
지체되는 결말, 과거에 집착, 회귀

수비학
10, 순환의 완성

일반적 의미

시련과 고통의 시절이 끝나고 더는 반복되지 않는다. 끝났다는 사실을 받아들이고 그동안 당신이 경험한 그 모든 것이 삶의 목적에 꼭 필요했음을 이해하는 순간 진정한 변화가 시작된다. 이렇게 현실을 받아들이면 삶에 안도감이 깃들고 잃어버린 것에 대해 감사할 줄 알게 된다. 그리고 다시 새로운 삶을 받아들일 여유가 생긴다.

사랑/연애

연인이나 배우자와의 인연이 다하거나 그동안의 연애 방식이 단절될 수도 있지만 이는 오히려 새로운 인연을 알리는 전화위복의 기회이다. 또한 연애나 사랑의 한 고비가 가까스로 넘어가고 있으니, 현재의 관계에 새로운 활력을 기대한다면 지나간 과거를 너그럽게 바라볼 줄 알아야 한다. 이제 힘든 고비는 넘겼으니 과거의 시간을 교훈으로 삼자. 그래야만 연애나 사랑의 다음 단계에 올라설 수 있다.

직업/금전

실직의 고통이나 경제적 어려움은 조만간 사라지고, 금전적으로 넉넉한 시간이 다가온다. 과거 힘들었던 경험을 소중한 교훈으로 삼아야 한다. 실패해도 앞으로 나아가고, 거절당하면 실패의 원인을 분석하는데 주력하고, 그렇게 직업이나 경력에서 더 나은 역량을 갖출 수 있어야 한다. 이제 막바지에 와 있다. 이 순간이 지나면 곧 금전적으로 직업적으로 더 나은 기회가 찾아오게 된다.

정서/심리

힘겨웠던 시절이 지나고 나면 그 시절의 의미를 이해하며 다시 앞으로 나아가게 된다. 힘들었지만 과거의 교훈에 감사할 줄 알고 다시 새롭게 출발하게 되어 있다. 꾸준히 일기를 쓰거나 상담을 받으며 체계적으로 스트레스나 걱정을 떨쳐버려라. 심리치료처럼 무난한 방법으로 치유의 과정을 이어나가는 것도 좋다.

역방향

무언가가 좀처럼 끝나지 않는 답보 상태를 의미한다. 지금은 기꺼이 내려놓고 앞으로 나아가야 할 시기다. 과거에 미련을 두면 다시 시작할 수 없다. 내려 놓으면 나의 앞에 풍요로운 미래가 펼쳐지게 된다. 그러니 더 이상 지체하지 말라.

저널쓰기 ••••••••••••••••••••

→ 삶의 하한 고비를 넘기면서 가장 힘겨웠던 부분은 무엇인가?

PAGE of SWORDS.

© 1971, 2019 USGAMES

소드의
시종 *PAGE*

**새로운 소식을 전해듣고 새로운
시각을 갖게 된다. 마음을 활짝 열고
경청하며 서로의 생각을 공유해보자.**

흙은 시종이 자연 및 안정된 현실과 관련
되어 있음을 보여준다. '소드'의 시종인 만
큼 소통과 지혜를 상징하는 공기와 관련
있다.

시종은 코트 카드에서 제일 먼저 등장하
는 카드이며, 흔히 소식을 전하는 타로의
메신저로 알려져 있다. 소드의 시종은 청
춘의 활력을 보여주는 어린이나 젊은이를
상징하며, 자기 내면의 목소리가 전해주는
소식, 즉 타고난 호기심을 발휘하며 적극
적으로 새로운 것을 배우라는 요청으로
이해할 수도 있다. 카드 속 젊은 시종은 검
을 높이 치켜들고 서 있다. 마치 곧 있을
전투 준비를 하는 것처럼 말이다. 그는 만
반의 태세를 갖추고 설레고 초조한 심정
으로 누가 접근할까 주변을 둘러보는 것
만 같다. 자유자재로 검을 휘두르는 훈련
을 통해 자신감을 쌓을 수 있었다. 그리고
때가 되면 적과 한 바탕 교전을 치를 각오
가 되어 있다.

정방향 키워드
열정, 배움에 대한 열망

역방향 키워드
뜬소문, 자기 방어적 태도

원소 결합
흙X공기

일반적 의미

소드의 시종은 싸움에 뛰어들기 전 미리 자신을 연마하고 훈련할 만큼 뛰어난 현실 감각을 갖추고 있다. 소드의 시종은 애매하고 미묘한 정보에도 각별한 주의를 기울이고, 차분하고 조심스럽게 전진해야 한다고 말해 준다. 지금이야말로 자연스러운 대화나 소통의 경험, 참신한 시각, 자신의 마음에 쏙 드는 기회로 충만한 때이다. 걱정되고 불안하겠지만 자신만의 열정을 따라야 할 것 같은 느낌이 들 것이다. 자신감을 가지고 시작하기 위해서는 항상 구체적이고 분명한 계획을 세워야 한다.

사랑/연애

영리하고 호기심 강한 성격의 연인이나 배우자를 곧 만나게 된다. 아마 당신보다 더 어리거나 그렇지 않더라도 젊은 느낌의 상대일 것이다. 이 상대방으로 인해 그동안 고민하고 경험한 적 없는 새로운 시각을 가지게 된다. 가볍게 만나며 유쾌한 시간을 보내는 날들이 많겠지만, 어느 순간 자신의 속마음을 진실하게 털어놓고 서로를 이해하는 시간이 꼭 있어야 한다.

직업/금전

고객, 상사, 혹은 새로운 직장이나 고용주의 연락을 기다리는 상황이 오게 된다. 그리고 이런 소식이 알려지면서 소중한 정보를 접하게 된다. 새로운 선택지가 생기거나 직업이나 금전적으로 좀 더 거창한 포부를 갖게 된다. 분명 가슴 설레는 소식이지만 행동에 옮기기 전에 현실적이고 구체적인 계획을 세워야 한다. 자신감을 갖고 자신의 생각과 아이디어를 원하는 사람과 공유할 수 있어야 한다.

정서/심리

신체, 감정, 정신, 혹은 영혼의 풍요로운 삶을 추구하는 과정에서 새롭게 공부할 내용이나 관심사가 생기게 되고, 이로 인해 삶의 흥분과 호기심을 새삼 경험하게 될 것이다. 그리고 이 경험을 통해 자신을 새롭게 이해하고 깊이 있게 알아가게 된다.

역방향

당신이나 당신 주변의 지인이 나쁜 소문을 퍼뜨리고 있거나 비열한 생각을 궁리하고 있음을 경고한다. 타인과 나눈 이야기가 다른 사람의 귀에 들어갈 수 있으니 조심해야 한다. 한편 자리에 없는 사람을 두고 험담을 하는 사람과 함께 있을 때 그 기분이 어떨지를 떠올리며 함부로 타인에 관해 말하지 않도록 주의해야 한다.

저널쓰기 ••••••••••••••••••

→ 지금 이 순간 소드의 시종이 당신에게 건네주고 싶은 소식이나 아이디어가 무엇이라고 생각하는가?

KNIGHT of SWORDS.

소드의
기사 *KINGHT*

진실과 정의를 추구하는 자는 희생을
치르더라도 앞으로 돌진한다.
그렇게 결과에 연연하지 않고 길을
헤치며 앞으로 나아가는 법이다.

공기는 기사가 소통과 지성에 연결되어 있
음을 보여준다. '소드'의 기사인 만큼 공기
와 관련 있다. 그 결과 명료한 통찰력과 유
창한 말솜씨가 두 배로 드러난다.
말을 탄 기사는 숭고한 목적을 품은 채 원
정에 참여했었다. 이제 그 곳에서 돌아 온
기사는 당신이 원했던 선물, 즉 공기의 속
성을 지닌 선물을 전해주려 한다. 소드의
기사는 순수한 공기, 즉 순수한 지성을 상
징하는데, 카드 속 기사는 진리의 검을 휘
두르고 바람을 가로지르며 내달린다. 기사
는 자신의 목표에만 집중한 상태로 재빠르
게 움직인다. 카드에서 느껴지는 저 속도
감과 공격적인 자세를 들여다보자. 기사는
정면대결을 피하지 않고 극적인 사건을 향
해 돌진하고 있어서 도무지 그를 막을 방
법이 없어 보인다.

정방향 키워드
진실 추구, 강력한 자기주장

역방향 키워드
억지를 부리거나 고압적인 태도

원소 결합
공기X공기

일반적 의미

소드의 기사는 똑바로 마주해야 하는 상황이나 사건을 의미하며, 정면 대립이 불가피하다고 말해준다. 이 카드의 의미는 더 과감하고 적극적인 태도를 취하거나 혹은 마지막까지 최선의 노력으로 목표에만 집중하라는 것이다. 한편 소드의 기사는 인생에서 당신을 극적인 사건이나 상황에 말려들게 하는 사람을 나타내기도 한다. 직관에 의지해 곰곰이 생각해보면 소드의 기사가 누구인지 혹은 어떤 상황이나 사건을 의미하는지 알아챌 수 있다.

사랑/연애

연애 상대로 너무 고집스럽거나 자기주장이 강한 사람을 만날 수도 있다. 혹은 지나칠 정도로 애정 공세를 펼치는 사람일 수 있다. 입장에 따라서는 마음에 들 수도 있고 어쩌면 지나치게 집착하는 사람이 아닐까 의심이 들 수도 있다. 만일 상대의 행동이나 태도에 불편한 점이 있다면 냉정하게 판단해봐야 한다. 소드의 기사는 강렬하게 시작되지만 금세 차갑게 식고마는 연애나 사랑을 의미하기도 한다.

직업/금전

여러 가지 이유로 직장이나 업무 환경에 변화가 올 수 있다. 예를 들어 적극적으로 자기주장을 관철하거나 오로지 목표나 업무에 집중하면서 말이다. 한편 매사에 더 치열하게 일하는 것만으로도 직장 분위기가 달라질 수 있다. 아마 직장 상사나 동료들과의 불화로 자신이 수세에 몰릴 수도 있다. 자신을 둘러싼 소문이 삽시간에 퍼지면서 업무 효율과 성과가 나기도 하지만 자신의 행동과 노선을 변경해야 하는 상황이 닥칠 수도 있다.

정서/심리

이제껏 회피하고 싶은 상황과 마주하며 스스로 수세에 몰린 느낌으로 지냈을지 모른다. 하지만 머지않아 차고 넘치는 확신으로 주어진 목표나 계획에 집중하면서 자신의 생각을 관철시키는, 이전과는 다른 자신의 모습을 발견하게 될 것이다. 자신이 듣고 싶었던 소식을 기대할 수 있고, 앞으로 자신의 처신과 행동이 옳을 것이라고 확신하면 마음이 편안해 질 수 있다.

역방향

의욕이 지나쳐서 자신이나 타인을 극단으로 몰아붙이는 공격적인 태도를 경고한다. 혹은 패기 있게 시작했지만 결국 흐지부지 끝나는 문제로 인해 실망하고 낙담하게 될지 모른다. 만일 그런 일이 벌어진다면 한 발 물러서서 자기 내면의 고요한 생각에 주목해야 한다.

저널쓰기 ••••••••••••••••••••••••••••••

→ 소드의 기사 카드를 자세히 들여다보자. 무서운 속도로 내달리는 말과 기사를 보면 어떤 느낌이 드는가?

소드의 여왕 *QUEEN*

현명하게 판단하고 진리만을
말하는 소드의 여왕은 보호, 공정,
균형이라는 여성의 본성을 소중히
간직하고 있다.

물의 원소는 여왕을 애정 및 감정과 연결
시킨다. '소드'의 여왕인 만큼 언어와 소통
과 지성을 상징하는 공기와 관련 있다.
타로에서 여왕은 포용력, 공정성, 동정심,
사랑이라는 여성적 본능을 대변한다. 소
드의 여왕은 물과 공기의 원소를 반영하
지만, 카드에서는 저 멀리 흐르는 가는 물
줄기만 보일 뿐, 물의 원소는 거의 찾아보
기 힘들다. 이런 이유로 소드의 여왕 카드
에서는 감정의 표출이 아닌 명료한 의사소
통, 지성, 논리가 더 돋보인다. 그녀는 견고
한 왕좌에 앉아서 자신에게 조언을 구하
는 자들 모두를 환영하지만, 진실의 검을
쥐고 있는 것으로 보아 그녀의 확고한 생
각과 의견을 애써 감추려 하지 않는다. 그
녀는 현명하고 공평할 뿐이다. 그래서 주
변의 모든 이들은 신중하게 내린 그녀의
결정을 그대로 신뢰한다. 한 쪽으로 치우
쳐 균형을 잃지 않기 위해 소드의 여왕은
늘 타인의 생각과 의견도 있는 그대로 경
청할 줄 안다.

정방향 키워드
단호한 입장, 정직, 명백함, 과감함

역방향 키워드
비난, 변명이나 자기 방어

원소 결합
물X공기

일반적 의미

소드의 여왕은 그 특성을 갖춘 실제의 인물을 가리킨다. 물론 당신을 가리킬 수도 있다. 혹은 어떤 결정을 내리는, 지성과 지혜가 돋보이는 순간을 상징하기도 한다. 이 카드는 복잡한 상황이나 문제에 접근할 때 감정적으로 반응하지 말고 논리적으로 대응하라고 충고한다. 자신의 직관을 믿자. 그리고 당신의 삶 속에서 이 카드의 주인공이 과연 누구일지 혹은 어떤 사건을 말하는지 곰곰이 따져보자.

사랑/연애

연인이나 배우자와의 관계를 명확하게 이해하고 싶다면 논리적이고 분석적인 태도가 필요하다. 기질적으로 감정보다는 이성을 선호하는 지적이며 신뢰할만한 상대를 만나고 있거나 만날 가능성이 높다. 혹은 최근에 애인과 헤어지거나 홀로 자식을 키우는 상대와 만날 가능성도 있다. 그동안 상대에게 휘둘리면서 자신의 목소리를 내지 못했다면 지금이야말로 혼자 지내면서 자기 자신과 교감하는 시간을 꼭 가져야 한다. 혼자만의 시간은 금세 지나가지만 그 사이 자기 자신을 더 깊이 이해하고 이후 새로운 관계를 이어가는 밑거름이 된다.

직업/금전

신뢰할 만한 동료나 업계 사람에게서 적극적으로 조언을 구하라. 재정상황을 파악하거나 금전 계획을 세우는데 있어서는 늘 논리적이고 냉철하게 접근해야 한다. 만일 투자나 계약이 성사되면 계약상의 세부 조건을 상세히 검토하고 거창한 비전이 아닌 구체적인 사실과 자료에 근거해서 중요한 판단을 내려야 한다.

정서/심리

자신의 신념을 믿고 따르며 망설이지 말고 자신의 지혜를 타인과 기꺼이 공유하자. 감정이 아닌 논리와 이성에 따라 말하고 행동해야 한다. 하지만 그 말과 행동에 있어 냉정하고 가혹한 태도는 삼가야 한다.

역방향

다른 사람이나 특정 상황을 지나치게 혹평하는 타인이나 자신을 의미할 수 있다. 지나치게 자신을 비판하거나 비하하는 상황을 지적하는 의미이기도 하니 이 점에 주의해야 한다. 또한 적대적인 갈등 상황에 처하면 이성이 아닌 감정에 압도당하면서 변명과 자기 방어로 일관할 수 있다.

저널쓰기

→ 당신이라면 소드의 여왕으로부터 어떤 냉철한 조언을 구하고 싶은가?

소드의
왕 *KING*

소드의 왕은 이성과 논리로 무장하고
행동에 나서는 권위 있는 남성의
활력을 잘 보여준다.

....

불은 왕이 열정과 실행력 그리고 리더십
과 관련되어 있음을 보여준다. '소드'의 왕
인만큼 소통과 지혜를 상징하는 공기와 관
련 있다.

왕은 안정감, 권위, 건강한 남성 에너지를
대표하고 있기에, 각 슈트 카드의 지배자
역할을 한다. 소드의 왕은 불과 공기의 원
소를 반영하며, 고상한 정신과 지성을 갖
추고 행동에 나서는 능력의 소유자이다.
그는 나비 문양이 새겨진 견고한 왕좌에
앉아 있는데, 나비는 공기의 원소적 특징
과 상태나 존재의 변화를 상징하는 불의
특징을 잘 보여준다. 왕이 쥐고 있는 검은
조금 기울어져 있는데 때가 되면 바로 행
동에 나설 준비가 되어 있다는 것을 알 수
있다.

정방향 키워드
지적인 포부, 리더십, 통솔력

역방향 키워드
통제, 심판

원소 결합
불X공기

일반적 의미

소드의 왕은 성공을 위해 권위, 지성 그리고 논리를 활용할 줄 아는 사람일 수도 있고 아니면 여러분 자신을 의미할 수도 있다. 한편 이 카드는 자신을 위해서나 혹은 스스로를 방어하지도 변호하지도 못하는 사람들을 위해서 단호한 행동을 취할 필요가 있는 상황이나 사건을 의미한다. 다만 결단력 있게 행동할 때가 언제인지를 알려면 자신의 직관에 의지해야 한다. 여러분 자신은 탁월한 지성과 영향력을 발휘할 수 있는 권위자이다. 그러니 그 누구보다 자기 자신을 신뢰할 수 있어야 한다.

사랑/연애

지적이고 사교적인 연인이나 배우자라면 강렬한 감정 표현보다는 유쾌하게 대화하거나 소통하면서 자신을 표현하는 경우가 많을 것이다. 연애나 사랑을 고민한다면 지금으로서는 성숙하고 이성적인 태도가 더 나은 결과를 가져올 것이다.

직업/금전

논리적인 판단과 실천을 통해 자신의 목표를 향해 전진하는 중이다. 머지않아 승진의 기회나 직장 내에서 리더의 역할을 맡을 수 있고 혹은 창업까지 하는 상황을 맞이할 수 있다. 소드의 왕은 직장에서 권위 있는 인물을 가리키는데, 직장에서 인정받을 만큼 기여한 바가 있어 존경받는 인물이 다름 아닌 당신 자신일 수도 있다. 소송이나 법적 문제가 걸린 상황이면 곧 희소식을 전해들을 것이다.

정서/심리

당당하게 자기 앞에 놓인 삶의 주인이 되어야 한다. 그러려면 자신의 판단에 따라 행동하거나 자신의 생각을 지켜낼 수 있어야 한다. 다만 건강이나 가정 문제로 불안하고 답답한 생각이 들 때면 주저 말고 전문가의 조언을 구하라.

역방향

지적 우월감이 지나쳐 함부로 판단하고 행동하는 상황을 경고한다. 누구나 직관이나 적절한 때를 무시하고 자신은 물론 타인의 생각과 행동을 통제하려는 성향이 있는데, 이 카드가 역방향으로 나온다면 바로 그렇게 통제하려는 행위를 억제하느라 애를 먹고 있다는 의미이다. 균형을 유지하려면 시시콜콜 타인의 행동에 간섭하고 싶은 충동에서 벗어나야 한다.

저널쓰기 •••••••••••••••••••

→ 어떻게 하면 소드의 왕이 상징하는 지적인 야심과 포부를 내 것으로 만들 수 있을까?

ACE of WANDS.

II

III

IV

V

VI

VII

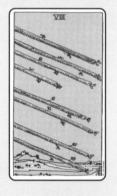

VIII

IX

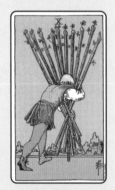

X

PAGE of WANDS.

KNIGHT of WANDS

QUEEN of WANDS.

KING of WANDS

제 8 장

마이너 아르카나: 완드

. . . .

완드(막대)는 불의 속성을 가지고 있으며 불
속성의 별자리인 양자리, 사자자리, 사수자리와 관련
있다. 완드는 열정, 창의력, 야망과 포부, 실행력을
상징한다. 에이스 완드로 시작해 핍카드에서
코트카드까지 완드 카드의 의미를 모두 알아보자.
완드가 창의력, 추진력, 실행력과 연관되어 있음을
쉽게 기억하려면 무언가를 순식간에 나타나게 하기
위해 쓰는 '마법의 지팡이를 휘두르다(불가능해 보이는
상황을 해결하다)'라는 표현을 떠올리면 좋다.
마법사의 지팡이가 의지를 현실로 바꾸는 것처럼,
불은 순식간에 번지면서 자신과 접촉하는 대상
모두를 질적으로 변화시킨다. 완드가 강력한 창조의
도구라는 사실을 잘 기억해두면 완드 카드의 의미를
쉽고 빠르게 배울 수 있다.

. . . .

에이스 *ACE of*
완드 *WANDS*

하늘로부터 창조의 재능을 타고
났으니 가슴 설레는 새로운 삶의
가능성을 굳게 믿어보자.

에이스 완드는 열정과 창조성을 원동력으
로 새로운 시작을 알리는 선물이다. 신성
한 손이 구름에서 나와 영감과 상상력을
상징하는 한 자루의 막대를 선물한다. 그
리고 이 막대에는 녹색의 싹이 돋아나 있
다. 막대 아래로 성과 고요한 강, 그리고 무
성하게 자라는 나무들이 보인다. 이런 풍
경에서 안정과 번영 그리고 변화의 가능
성이 돋보인다. 특히 우리를 앞서 나가게끔
추동하며 새롭게 시도하고 노력하게 만드
는 감정의 흐름이 크게 부각된다.

정방향 키워드
영감, 창조력, 활기

역방향 키워드
주저하고 망설임, 지체, 중단

수비학
1, 입문, 새로운 시작

일반적 의미

에이스 완드가 나오면 번뜩이는 영감이 떠오르며 우리로 하여금 새로운 모험을 감행하도록 이끌어간다. 예를 들어, 새로운 프로젝트를 개발하고 여행을 떠나거나 새로운 인연을 만들어가거나 새로 사업을 시작할 수 있다. 이렇게 설레는 활력은 단지 시작에 불과하다. 자신의 길을 따라 계속 전진할 수 있는 동기와 추진력이 쉽게 고갈되지는 않을 테니 말이다. 삶의 다양한 가능성에 늘 주목한다면 행동에 나설 때를 알아차릴 수 있을 것이다.

사랑/연애

열정적이고 격렬한 관계로 발전할 수 있는 새로운 인연을 만나거나 그런 관계로 발전하게 될 것이다. 이미 교제하는 사람과는 다시 열정이 되살아나는 것을 직감할 수 있다. 가정을 꾸리거나, 임신으로 인해 장차 가족 구성원이 더 늘어날 수도 있다. 아니면 자신이나 혹은 현재의 연인에게 가슴 설레는 기회가 찾아 올 수 있다.

직업/금전

사업을 확장하거나 새로 사업을 꾸릴 수 있는 흥미진진한 기회가 기다리고 있다. 새삼 자신이 하는 일에 창조적인 열정이 솟아나면서 이를 통해 이전과 다른 금전적인 이익을 기대할 수 있다. '바로 이것이다'라는 강렬한 영감이 떠오르면 그대로 행동에 옮기면 된다.

정서/심리

여행이나 모험을 감행할 수 있는 기회가 생긴다면 주저 없이 떠나라. 건강을 위한 운동이나 생활 습관을 들인다면 새삼 삶의 자신감과 활력을 되찾을 수 있다. 지금이야말로 목표를 세우고 행동에 옮기거나 오랫동안 궁리해왔던 예술이나 창조적인 작업을 실천할 수 있는 절호의 기회이다. 늘 마음을 열고 내면의 목소리에 귀 기울이자.

역방향

망설이며 행동하지 못하는 상황을 의미한다. 아마 때를 저울질하고 있거나 실패할까 두렵거나 혹은 기존의 습관이나 태도를 버리지 못해 주저하고 있을 것이다. 과감하게 행동하지 못하는 이유나 상황을 철저하게 따져보고 이를 있는 그대로 인정하자. 그러면 자신 있게 앞으로 나아갈 수 있다. 물론 망설이며 지체하는 상황을 나 스스로 해결할 수 없는 경우도 있다. 그렇다면 이런 상황을 좀 더 참고 기다리는 여유가 필요하다. 집착하기보다 마음을 열고 유연하게 대처하라.

저널쓰기 ••••••••••••••••••••••••••••••••••

→ 에이스 완드가 나에게 가져다 줄 선물은 과연 무엇일까?

완드 *2*

자기만의 세계를 확장할 수 있는
선택지가 기다리고 있다.
지금의 현실에 안주할지 아니면
미지의 모험을 찾아 떠날지
결정해야 한다.

완드 2 카드는 자신의 미래를 진지하게 고민해 볼 것을 요구한다. 한 남성이 화려한 성 꼭대기에 서서 드넓은 대지를 내려다보고 있다. 그는 한동안 안정된 삶을 누려왔지만 이제 모험을 갈망하고 있다. 막대 하나는 성벽에 단단히 고정되어 있는데, 이는 지금의 재산을 쌓기까지 기울였던 각고의 노력을 보여준다. 나머지 막대 하나는 머리 위까지 팔을 올려 쥐고 있다. 다른 한 손에는 지구본을 들고 있는데 마치 세상이 전부 자신의 손아귀에 있는 듯한 느낌을 준다. 이제 앞으로 그는 무엇을 할까? 완드 2 카드는 넉넉하고 풍요로운 삶의 한가운데서 가슴 설레는 이후의 삶을 궁리할 수 있는 기회를 가리킨다.

정방향 키워드
선택, 미래의 계획

역방향 키워드
조급함, 계획의 부재

수비학
2, 선택, 동반자 관계

일반적 의미

완드 2카드는 미래에 대한 계획과 함께 다양한 가능성을 보여준다. 흥미진진한 불의 에너지는 우리를 앞을 향해 전진하도록 자극한다. 하지만 성급하게 행동에 옮기면 큰 낭패를 볼 수 있다. 새롭게 찾아 온 기회를 붙잡을지 아니면 지금에 만족할지를 먼저 선택해야 한다. 그리고 그 결정은 자신의 직관에 따라야 한다. 물론 진심으로 가슴 벅차오르는 기회나 변화라면 위험을 감수해서라도 선택해야 한다. 이후 경험하게 될 변화의 상황을 헤쳐나가는 데 도움이 되는 새로운 동반자나 지지자들을 만나게 될 것이다. 그들과의 관계를 통해 이전과는 달리 즐겁게 성장할 수 있다.

사랑/연애

열정과 유희 그리고 즐거운 일들로 가득한 연애를 기대해도 좋다. 그러기 위해서는 자신이 미리 준비되어 있어야 한다. 상대방과 함께 떠나는 낭만적인 여행 계획을 세워도 좋다. 때가 무르익었다. 연인과 함께 미래를 계획할 수도 있고 이사해서 함께 살 수도 있을 것이다. 이런 결정들로 삶은 큰 폭으로 변하기 마련이다.

직업/금전

직업이나 경력 차원에서 성장할 수 있는 기회는 우연히 찾아오지 않는다. 가슴 설레고 강렬한 영감이 떠오른다면 바로 구체적인 행동으로 옮겨야 한다. 사업 파트너나 투자자가 나타나서 당신의 계획이나 아이디어를 구체화하도록 도움을 줄 것이다.

정서/심리

중요한 결정을 내리기 전 여러 선택지를 앞에 두고 냉정하게 저울질해야 한다. 다만 어떤 결정을 내리든지 자신의 직관에 충실해야 한다. 계획을 세우고 한 단계 높은 삶의 목표로 올라서게 된다. 흥미진진한 삶을 기대해도 좋다. 자신의 영혼을 돌보면서 영적인 차원의 삶을 추구하고 삶의 방향을 새롭게 모색하게 되면 당신은 더 풍요로워질 것이다.

역방향

마음이 들뜬 나머지 조급하고 경솔하게 행동할 수 있다고 경고한다. 무리하게 서두르면 기대와 어긋나는 일이 꼭 벌어지고 만다. 그렇다고 포기해서는 안 된다. 더 느긋하게 행동하면서 상황을 냉정하게 분석하고 여러 선택지를 고민해보자. 다시 시도하기 전에 구체적인 행동 계획을 마련해야 한다. 한편 역방향은 자신이 직접 행동하기 전에 다른 누군가가 먼저 나서기를 관망하고 있다는 의미이기도 하다. 그렇다면 불편한 구석이 있어도 자신이 먼저 행동에 나서는 것이 좋다.

저널쓰기 ......

→ 여러분의 마음에 드는 새로운 삶의 모험은 무엇인가?

완드 *3*

드넓은 세상이 자신의 눈 앞에 펼쳐진다. 새로운 역할을 맡거나 자신의 새로운 면모를 발휘하면서 전폭적인 지지를 받게 된다.

포부 가득하고 가슴 설레는 지금, 다음 단계의 모험을 감행할 준비가 되어 있다. 한 남성이 등을 지고 서 있는데, 보는 사람의 입장에서도 이 남자와 동일한 풍경을 보게 된다. 그는 땅에 박힌 두 개의 막대 사이에 서 있으며, 막대 하나에 자신의 몸을 의지하고 있다. 그는 고개를 들고 바다 위 배들을 응시하고 있는데 이는 그가 하는 일이 확장세에 있음을 보여준다. 또한 팀원들과 원만하게 활동하고 있다는 의미이기도 하다. 다른 사람들의 도움이 있어 꾸준한 활력으로 지치는 법이 없고, 원대한 과업을 수행하는 데도 탁월한 역량을 발휘하고 있는 상황이다.

정방향 키워드
발전, 성장, 확장

역방향 키워드
지체, 낙담, 실망

수비학
3, 확장, 발전, 협력

일반적 의미

자신의 재능과 활력을 밑천삼아 다른 사람들과 함께 작업하며 자신의 장점을 십분 발휘할 수 있도록 책임을 배분하고 공유하는 작업에 익숙하다. 절호의 기회가 오기만을 기다릴 수 있지만, 그 와중에도 자신의 재능과 활력을 창의적이고 생산적으로 활용할 줄 아는 능력이 있다. 그 결과 하는 일은 더욱 번창할 것이다. 폭넓은 경험을 위해 여행길에 오를 수도 있다.

사랑/연애

그동안 친구나 지인을 통해 관심가는 상대를 만나거나 열심히 활동했던 모임에서도 좋은 사람을 만나왔다. 그렇다면 이제 연인과 함께 떠나는 여행을 궁리할 시간이다. 혹은 휴가 중에 특별한 인연을 만날 시간이기도 하다. 연인과 함께 미래를 설계하고, 지인들과의 모임에 나가고, 단체 활동에 참여하면서 현재 연인이나 배우자와의 관계에 삶의 흥과 멋을 그리고 열정과 여유를 불어넣어야 한다.

직업/금전

사업이나 업무적으로 흥미진진한 협업의 기회가 찾아오게 된다. 수익이나 매출이 증가하면서 팀이나 직원을 새로 고용할 수도 있고, 사업을 하고 있다면 규모를 확장할 필요가 생긴다. 한편 업무상 출장을 가거나 해외 사업에 진출할 수도 있다.

정서/심리

자신에게 영감을 주는 사람들이 주변에 있어야만 개인적으로 한 차원 더 높은 성장을 할 수 있다. 함께 하는 이들의 지지를 받으면서 아니면 새로운 사람들과 교제하면서 영적 수행은 더욱 발전하게 된다. 여행 계획을 세워 보자. 안목을 넓히고 영감을 기대할 수 있기 때문이다.

역방향

계획이 지체되거나 친구들 혹은 지인들과의 관계가 단절될 수도 있다. 가슴 아프고 고통스럽겠지만 이 또한 신성한 시간이며 배움의 여정에서 빼놓을 수 없는 순간이다. 혹은 바람직한 해결 방법이 있어도 도무지 감이 오지 않는 상황에 있다. 조금 더 여유롭게 기다리는 것만이 지금으로서는 최선이라 할 수 있다.

저널쓰기 ●●●●●●●●●●●●

→ 세 자루의 막대가 보여주는 성공의 중요한 요소 3가지는 무엇일가?

완드 *4*

다음 목표로 돌진하기 전에 사랑하는
사람들과 더불어 당신이 이룬 성취를
자축하자.

완드 4 카드에는 기쁨과 축하의 의미가
강하게 배어있다. 땅에 단단히 박혀 있는
네 자루의 막대는 화려한 꽃으로 장식되
어 있는데, 이는 유대교의 전통 혼례에서
볼 수 있는 장식이기도 하다. 카드의 노란
색 배경은 각성된 의식과 기쁨을 상징하
며, 그 앞에서 한 쌍의 커플이 꽃다발을 흔
들며 결혼을 자축하고 있다. 이들은 든든
하고 오랫동안 변치 않을 관계를 상상하
며 서로 헌신하고 함께 하기로 선택한 것이
다. 커플 뒤로는 장엄한 성이 우뚝 서 있다.
그 곳의 화려한 정원에는 여러 사람들이
기쁨에 겨워 춤을 추며 풍요와 번영을 축
하하고 있다.

정방향 키워드
축하, 특별한 사건이나 행사

역방향 키워드
현재의 순간에서 기쁨을 찾음

수비학
4, 안정, 구조

일반적 의미

결혼식, 기념일, 졸업식 등 축하할 일들이 생겨난다. 자신의 삶과 그간 자신이 이룩한 삶의 업적들을 돌이켜보자. 자신이 성취한 삶을 어떻게 해야 기쁜 마음으로 표현할 수 있을까? 친구나 지인들과의 인간관계 그리고 학교나 회사 혹은 지역 사회에 기울였던 그간의 열정도 기쁘게 돌아볼 필요가 있다. 다만 그동안 열심히 살아왔고 지금도 노력하고 있지만, 이제는 나름의 여유를 갖고 삶의 균형을 잡아 나가야 한다.

사랑/연애

완드 4는 약혼이나 결혼, 신혼여행을 의미하는 축하 카드이다. 사랑을 갈구하고 온전히 사랑에 헌신하는 연인을 만나게 된다. 이미 사랑하는 사람이 있다면 함께 살거나 함께 살 집을 구하거나 어떤 식으로든 같이 정착하게 된다. 서로 기뻐하며 지금의 삶 속에서 사랑을 체험하게 된다.

직업/금전

현재의 업무나 프로젝트를 완수하거나 목표를 달성하게 되고 머지않아 성공을 자축하게 된다. 직장에서 자신이 기울인 각고의 노력과 열정에 대해 마땅히 인정받게 된다. 지금은 직업과 경력 차원에서 창의성을 발휘하고 눈부신 성장을 경험하는 시절이다. 잠시 여유를 갖고 자축의 시간을 가져보자.

정서/심리

자신의 삶에 안착하는 기회가 찾아 올 것이다. 예를 들어 집을 장만하거나 집을 새단장할 수 있고, 특정 단체나 모임에 가입하거나 인간관계가 한 차원 더 성숙하고 발전할 수 있다. 그렇게 중요한 경험들은 충분히 만끽하고 자축할 필요가 있다. 혹시라도 기회가 된다면 창조적인 작업에 자신의 열정을 쏟아 부어 보자. 가족이나 친구들과 시간을 보내고, 파티를 벌이거나 휴식을 취하며 원기를 회복한다면 심신의 건강에 이보다 더 좋을 수는 없을 것이다.

역방향

완드 4의 경우 정방향과 역방향의 의미는 큰 차이가 없다. 다만 역방향에서는 마음껏 자축하지 못하고 망설이는 상황이 강조된다. 그동안의 노력의 대가를 충분히 만끽하지 못한다면 그 이유가 무엇인지 자문해보자. 현재에만 주목하면서 지금 당장 내가 누릴 수 있는 기쁨이 무엇인지 헤아려보자. 거창하지 않아도 소박한 기쁨을 누리며 행복할 수 있다면 자신의 삶에 더 나은 기회가 찾아올 것이다. 그것을 떠올리면 어떤 기분이 드는가?

저널쓰기 ••

→ 자신이 이룩한 업적이나 성취 중에 가장 소중한 것은 무엇인가?

완드 5

맹목적인 대결과 건전한 경쟁의
차이를 간파하고 자신의 의지를
생산적으로 활용해야 한다.

완드 5 카드에서 보이는 서로 대결하는
듯 활력 넘치는 이미지를 어떻게 이해하
면 좋을까? 청년 다섯 명이 열중하여 막대
를 휘두르고 부딪치지만 화를 내거나 다
치지는 않은 것 같다. 중요한 점은 겨루어
볼 만한 상대와 적극적으로 대결하고 자
신의 의지가 이끄는 대로 행동하고 있다
는 데 있다. 선명한 푸른 색의 카드 배경
은 서로 대결하는 중에도 명료한 의식을
추구하고 있음을 잘 보여준다. 또한 별다
른 풍경이 보이지 않아 지금 이 순간 꼭 필
요한 집요한 행동과 민첩함이 선명하게 부
각되고 있다.

정방향 키워드
경쟁, 대결

역방향 키워드
과장, 침소봉대, 해결의 실마리

수비학
5, 갈등, 경쟁

일반적 의미

완드 5 카드는 심각한 갈등이나 의견충돌이 벌어질 때 자주 나타나는데, 이러한 상황에서 어떻게 처신하는 게 좋을지 고민해볼 것을 요구한다. 또한 동일한 직장에 지원하는 것처럼 같은 자리를 두고 유력한 지원자들과 동시에 경쟁하는 상황을 의미한다. 강하게 자신의 주장을 밀어붙이는 사람과 마주하면 자신의 의견 또한 중요하다는 사실을 잊어서는 안 된다. 원하는 결과를 얻기 위해 타인의 심기를 불편하게 만드는 건 아닌지를 걱정해서는 안 된다.

사랑/연애

오직 한 명의 연인에게 만족하기 전 여러 명을 만나고 싶은 생각이 들 수도 있다. 하지만 이 카드는 여러분이 복잡한 연인 문제로 힘들어질 수 있거나 혹은 다른 사람들이 자신의 연애사를 좌지우지할 수 있다는 경고이기도 하다. 연애와 사랑의 문제라면 무엇보다 자신이 진정 원하는 것이 무엇인지 자문해보라. 그리고 자신이 원하는 관계에 방해가 되는 요소들은 모두 차단해버리자.

직업/금전

직장에서의 갈등이나 논쟁 혹은 직장 동료와의 경쟁으로 무척 피곤해질지도 모른다. 물론 승진이나 성과를 내기 위한 경쟁은 직장 생활의 원동력이 될 수 있다. 성공은 나 자신에게 달려있다. 하지만 전략적으로 행동하라. 이기적인 목적에서 대립하며 갈등을 초래해서는 안 된다.

정서/심리

일이 한없이 지체되고 자신도 어쩔 수 없는 상황이 초래될 수 있다. 이럴 땐 느긋한 태도로 꼼꼼하게 일의 세부내용을 챙겨야 한다. 그리고 조바심을 내지 않도록 주의하자. 창조적인 작업이나 과제 여러 개를 동시에 작업하게 되면 그 어느 것도 마무리하지 못하고 좌절하기 마련이다. 한 번에 하나의 작업에만 집중하고 이를 마무리한 후 새로운 일을 시작하자.

역방향

예상과 달리 갈등의 폭이 깊어지고 논쟁이나 소문의 일부 내용이 지나치게 왜곡되는 상황을 의미한다. 사태가 커지고 갈등이 깊어지지 않도록 오직 사실에만 집중해야 한다. 한편 떠들썩한 논쟁을 벌인 후 문제가 해결되거나 나름 의견의 절충이 있을 것을 의미하기도 한다.

저널쓰기

→ 누군가와 경쟁하게 되면 여러분은 어떤 입장 혹은 어떤 태도를 취하는가?

완드 6

열심히 노력했으니 머지않아 보답을
받게 된다. 자신을 믿고 지지해준
사람들과 이 승리의 순간을 즐기자.

경쟁과 대립으로 힘겨운 날들을 지나서 완
드 6 카드에 오면 이제 승리를 맛볼 차례
가 온 것이다. 젊은 남성이 순수를 상징하
는 백마를 타고 자신의 영광을 기리기 위
해 환호하는 군중 사이로 유유자적 지나
간다. 군중들은 다섯 자루의 막대를 들고
있으며 그의 막대는 다른 사람들의 막대
보다 더 높이 솟아 있다. 그가 든 막대에
는 승리를 상징하는 월계관이 씌워져 있다.
한편 그의 주변에 보이는 사람들은 완드 5
카드에서 서로 대결을 펼치던 다섯 명의
젊은이를 연상시킨다. 하지만 그들은 이제
승자를 기리기 위해 모인 셈이다.

정방향 키워드
승리, 타인의 인정

역방향 키워드
늦어지는 성공

수비학
6, 균형, 조화

일반적 의미

승리 카드로 알려진 완드 6 카드는 힘겨웠던 시간은 지나고 좋은 소식이 올 것임을 전해 준다. 완드 6에서는 자신이 이룩한 업적에 자부심을 느끼고 자신의 성공을 스스로 받아들인다. 다른 사람들 역시 그 성공을 폄하하지 않고 찬사를 보내고 있다. 여러분 스스로 열심히 노력했으니 인정받아 마땅하다. 이 순간만큼은 당신이 충분히 돋보여야 한다. 자신의 열정이 다른 사람의 정신도 고양시킬 수 있기 때문이다.

사랑/연애

완드 6 카드는 강렬한 관계 내지는 '최상의 커플'을 의미한다. 자신처럼 흥분에 차고 열정적이며 강렬한 관계를 추구하는 상대를 만나게 된다. 가슴 설레는 적극적인 관계를 충분히 느끼자. 슬프고 가슴 아팠던 시간이 지나가고 어느새 사랑의 환희를 경험하게 될 것이다.

직업/금전

직장에서 자신의 노력을 인정받거나 승진의 기회가 찾아온다. 경력 차원에서 공개적으로 인정받는 기회가 찾아올 수도 있다. 나름 힘들게 노력했던 만큼 금전적인 상황이 개선되고 수익도 증가한다. 자신이 기울인 노력이 결실을 맺고 있다. 그러니 지금 이 순간을 즐겨라.

정서/심리

삶의 모든 측면이 조화를 이루며 향상되고, 성공을 체감하며, 훌륭한 일솜씨로 인정을 받게 될 것이다. 가족이나 자신과 관련해서 좋은 소식이 찾아오게 된다. 자신이 속한 공동체나 동일한 관심사를 공유하는 단체나 모임에서 리더십을 발휘하고 싶은 순간이 다가온다.

역방향

여러모로 성공은 멀어보이고 상황은 자신의 예상과 다르게 돌아간다. 그로 인해 실망할 수 있지만, 이는 단지 일시적인 문제에 불과하다. 지체되지 않는 삶의 과정은 하나도 없다. 그러니 원래의 계획을 잊지 말고 부단히 노력하라. 이제 거의 다 왔기 때문이다. 지금 포기하면 모든 게 물거품이 된다.

저널쓰기

→ 지금 이 순간 당신이 축하하고 싶은 성공의 내용은 무엇인가?

완드 7

자신의 신념을 확고하게 견지해야
자신의 주장을 피력하며 목적을
달성할 수 있다. 어떠한 시련이
닥친다해도 모두 이겨낼 수 있다.

완드 7 카드와 함께 자신의 위치나 입장
을 철저하게 방어할 태세를 갖추어야 한
다. 한 남성이 막대 한 자루를 무기처럼 들
고 있다. 그리고 그를 향해 다가오는 듯한
여섯 자루의 막대로부터 자신을 방어하고
있다. 신발의 짝이 서로 다른 것으로 보아
상당히 당황한 듯 보인다. 목표를 달성하
고 타인의 부러움을 사며 시작된 삶의 여
정과 처음 성공을 향해 나서는 여정은 판
이하게 다르다. 누가 혹은 무엇이 이 남성
을 공격하는지 좀처럼 알 수가 없는데, 이
는 반드시 그에게 불어 닥쳐서 그가 감당
할 수밖에 없는 드러나지 않은 삶의 시련
이 있음을 예고한다. 이처럼 삶의 장애물
과 적대자들을 어떻게 이겨내느냐에 따라
당신이 과연 어떤 성공을 거둘 수 있는지
결정될 것이다.

정방향 키워드
자기 방어, 변호, 자기주장

역방향 키워드
지나친 경계, 패배감

수비학
7, 전략, 계획

일반적 의미

완드 7은 살다보면 예기치 못한 시련과 장애가 발생할 수 있으니, 그동안 자신이 기울였던 노력과 명성을 지켜내고 싶다면 수동적으로 행동하지 말고 적극적이며 전략적으로 행동하라고 충고한다. 역경에 맞서 용기를 내고 자신의 직관을 따른다면 자신을 짓누르는 중압감을 떨쳐내고 더 큰 성공을 거둘 수 있다.

사랑/연애

갈등 해결에는 섬세하고 신중한 태도가 필요하지만, 자신의 요구를 솔직하게 표현하고 상대의 요구 또한 자세히 경청할 줄 알아야 한다. 연인이나 배우자와의 관계에 시련이 찾아올 수 있지만 충분히 이겨낼 수 있다. 사랑의 어려운 문제점들과 당당하게 대면하자. 자기 입장을 분명하게 피력하고 어디까지 수용하고 어디서부터 거부할지 그 경계를 명확히 하면서, 자신의 의도를 명확하게 표현해야 한다.

직업/금전

연봉 협상이나 계약 체결을 하는 경우 만족할만한 결과를 얻는다. 하지만 그 과정에서 자신의 입장과 주장을 당당하게 피력해야 한다. 직장이나 경력 차원에서 대립하거나 시련이 찾아올 수 있으나 이는 일시적인 문제에 불과하다. 이런 문제에 초연하게 대응해야만 원하는 목표를 달성할 수 있다.

정서/심리

순간 시련이 닥치더라도 더 단호하고 용감하게 맞서야 한다. 한편 어느 순가 타인을 대변해주고 친구나 가족을 변호할 수도 있다. 객관적인 입장을 고수하고 엄연한 사실을 토대로 문제 해결에 나서야 한다. 그저 문제를 바라보고 있다면 성과도 없이 시간만 낭비한다.

역방향

시련이 닥쳐 도전을 받게 되면 지나치게 방어적인 태도를 취하거나 자신의 신념이 무너질까 노심초사하면서 결국 분노를 주체하지 못하는 상황이 벌어질 수 있다. 혹은 자신의 입장을 해명하는 게 아무 의미가 없어 보여 좌절하고 낙담할 수 있다. 화가 나도 그 분노와 불만을 속에 꼭꼭 담아두는 경우도 있다. 그렇다면 우선 마음을 진정시키고 상황을 꼼꼼히 살펴본 후 자신의 감정을 있는 그대로 적어보라. 그리고 누군가와 대화를 나눠보자. 감정은 늘 솔직하다. 마땅히 그 감정을 표현할 수 있어야 한다.

저널쓰기 ••••••••••••••••••••••••••••••••••••

→ 카드 속 인물이 지켜내려고 하는 게 무엇이라고 생각하는가?

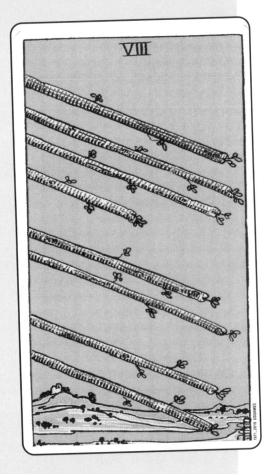

완드 *8*

곧 새로운 소식이 도착하고 다양한 일들이 벌어진다. 그리고 어느새 새로운 길에 접어든다. 어느 순간 자신이 있어야 할 곳에 있게 되며, 그것도 올바른 사람들과 함께 있게 된다. 그저 이 흐름에 자신을 맡기면 된다.

완드 8 카드는 신속함과 속도감이 단연 돋보인다. 네 종류의 슈트 에이스 카드와 소드 3 카드처럼, 이 카드에도 인물이 전혀 등장하지 않는다. 완드 8 카드에서는 현재 이 순간의 행동과 사건만이 강조되고 있다. 싹이 튼 막대 여덟 자루가 한가롭게 펼쳐진 시골 풍경 위로 날아가고 있다. 여기서 막대는 메시지를 의미하는데, 편지, 전화, 이메일, 문자는 물론 낯선 사람이 전해주는 소식일 수도 있다. 그런데 정작 메시지가 도착하면 이에 자극받아 일상의 사건들이 빠르게 돌아가면서 기존의 생활 리듬이 깨지고 만다. 이런 변화는 상당히 좋은 결과를 가져오니 걱정할 필요는 없다.

정방향 키워드
이동, 전진, 신속한 행동

역방향 키워드
지체, 지연, 인내하는 상황

수비학
8, 진전, 변화

일반적 의미

완드 8에는 이제 막 벌어지게 될 일로 인해 자신도 모르게 설레고 흥분되는 면이 있다. 여행을 떠나거나 새로운 사람과의 만남이 기다리고 있을 수 있다. 일이나 사건이 워낙 빠르게 돌아가다 보니 미처 목표를 향해 박차를 가하지도 못했는데, 어느새 원하는 대로 모든 상황이 딱 맞아떨어진다. 여유 있게 이 흥분을 만끽해보자.

사랑/연애

머지않아 우연한 사건이나 상황 속에서 새로운 연인을 만나게 된다. 각종 모임이나 행사에 초대받고 가슴 설레는 기회를 누리거나 동시에 여러 명으로부터 데이트 신청을 받을 수도 있다. 혹시 여행을 계획하고 있다면 그 여행지에서 사랑하는 연인을 만날 가능성이 높다.

직업/금전

하나 이상의 제안을 받게 되거나 다양한 아이디어가 떠오르면서 가슴이 뛰게 된다. 하지만 충분히 고민하고 결정해야 한다. 업무나 경력 차원에서 빠르게 일이 진행되고 새로운 기회들이 흥미진진하게 펼쳐진다. 수입을 기대할 수 있는 곳도 여러 개로 늘어나게 되니 지금의 풍요로운 삶을 유지할 수 있도록 늘 마음의 문을 열어두자.

정서/심리

빼곡한 일정으로 분주하게 새로운 사람들을 만나며 즐겁게 살아가게 된다. 자신의 목표를 향해 하루하루 바쁘게 살게 된다. 그러니 지금 그대로의 삶을 유지한다면 활력을 되찾고 삶의 다양한 기회와 혜택을 누리게 될 것이다. 조만간 기분 좋은 곳으로 여행을 떠날지도 모르는데, 아마 즉흥적으로 가게 될 수 있다.

역방향

하던 일이 지체되거나 중단되면서 그간의 기대가 차갑게 식을 수 있다. 하지만 이런 일이 우연히 벌어지는 게 아니다. 이는 운명 같은 순간이니 자신을 돌아보며 중요한 깨달음을 얻어야 한다. 지금 하던 일을 지속하기에 앞서 혹시 결과에 너무 연연한 나머지 과정의 즐거움을 까맣게 잊고 있었던 건 아닌지 곰곰이 생각해 보아야 한다.

저널쓰기 ••••••••••••••

→ 여덟 자루의 막대를 날려보내는 사람은 과연 누구일까? 혹시 그 막대를 받게 되는 사람은 또 누구일까?

완드 9

실패하고 좌절을 겪었지만
지금까지 눈부신 성과를 거둔 셈이다.
이제 그 끝에 다다랐으니,
절대 포기해서는 안 된다.

완드 9 카드는 아직 결심은 확고하지만 삶의 어느 한 지점에서 지쳐 힘에 겨울 때 등장하는 카드이다. 여덟 자루의 막대는 땅속에서 높이 솟아 있고, 무척 지쳐 보이는 한 남성이 막대 한 자루에 기대 서 있다. 머리에 붕대를 감고 있는 것으로 보아 한 차례 호된 시련을 겪었던 것 같다. 그는 잠시 하던 일을 멈추고 어떻게 여기까지 오게 되었는지 지난날들을 되새겨보고 있다. 그리고 지금까지의 모험이 이제 막바지에 이르렀고 이를 마무리하면 그제야 마음껏 쉴 수 있다는 사실을 잘 알고 있다.

정방향 키워드
끈기, 불굴, 자립

역방향 키워드
포기, 지체, 기다림

수비학
9, 완성에 다가서는 순간, 고독

일반적 의미

완드 9 카드는 지금까지 자신이 겪어왔던 사건들과 힘겨운 노력들 그리고 승리의 순간들을 모두 아우르고 있다. 너무 지치고 힘에 겨워 당장이라도 포기하고 싶은 순간이 있다. 하지만 이제 거의 다 왔다. 자신에게 남은 저력을 낱낱이 살펴보고 마지막 순간까지 밀어붙여 완주해야 한다. 놀라울 정도로 회복이 빠르기 때문에 자신에게 닥치는 어떤 시련도 극복할 수 있다.

사랑/연애

그동안 각종 어려운 점들로 인해 낭만적인 사랑을 꽃피우지 못하고 지지부진했다. 연인 혹은 배우자가 있어도 외롭기만 했고, 너무 바쁜 나머지 연애는 생각도 못해봤거나 혹은 사랑에 상처받고 혼자 마음을 달래왔을지도 모른다. 어느 경우이든 최악의 상황은 지나갔다. 이제 시련 이후의 변화된 상황을 맞이하게 될 것이다.

직업/금전

목표를 달성하기 위해 끈질기게 노력해야 한다. 현재의 갈등은 조만간 해결될 것이니 힘들다고 포기하면 안 된다. 현재의 프로젝트를 완수하거나 장기간 기울였던 노력을 완결 짓도록 최후의 일격을 가하라. 자신의 저력을 끝까지 밀어붙여 완벽하게 마무리해야 한다. 결국 그간의 노력이 결실을 맺게 될 것이다.

정서/심리

갖가지 고난과 장애를 겪어오며 다시 일어서고 고통에서 회복하는 법을 터득해왔을 것이다. 특히 사적인 문제와 관련해서 말이다. 이런 삶의 경험들은 영적 수행이나 심신 단련의 과정을 거치며 삶의 소중한 의미를 전달해준다. 힘겨웠던 노력과 갈등이 이제 막바지에 접어 들었다. 절망 뒤에 희망이 깃드는 삶의 이치를 겸허히 받아들이자.

역방향

이제 막 목표에 도달하는 데도 불구하고 그만 포기하고 싶은 심정임을 의미한다. 아무리 성공할 확률이 저조해도 이제 와서 포기하기에는 너무 아깝다. 한편 고집불통으로 자기 뜻대로만 하려다보니 삶의 한 고비를 넘어가지 못하고 있을지도 모른다. 문제의 원인이 다른 사람에게 있는 것처럼 보여도 결국 내가 통제할 수 있는 것은 자기 자신 뿐이라는 사실을 명심해야 한다. 자신의 행동과 처신을 유심히 관찰하고 기꺼이 책임지는 태도를 잃지 말자.

저널쓰기 ••••••••••••••••••••••••••••••••

→ 카드 속 인물이 자신의 경험을 통해 들려주고 싶은 이야기는 무엇일까?

완드 *10*

너무 많은 책임과 의무에
시달리는 건 아닌지 경계하라.
지쳐서 쓰러지지 않으려면 마땅히
거부할 수 있어야 한다.

오랜 시간 저력을 모두 발휘했다. 이제 자신의 한계를 넘어서는 상황에 처해 있다. 한 남성이 열 자루의 막대를 움켜쥐고 힘겹게 걸어간다. 이는 인생의 여러 가지 의무와 책임을 짊어지고 이를 해결하느라 무척 고단한 처지임을 의미한다. 저 멀리 보이는 멋진 집을 향해 가고 있지만 고개는 푹 숙이고 있다. 열 자루의 막대는 너무 무겁고 게다가 시야까지 방해하고 있다. 그는 무작정 터벅터벅 걸어가는데 힘에 부치는 모습이다. 하지만 푸른색의 배경은 그의 의식만은 또렷하다는 사실을 전해준다. 다시 말해, 아무리 고통스럽고 힘이 들어도 그는 자신에게 주어진 일을 끝까지 마무리해야 한다는 사실을 잊지 않고 있다. 뒤집어보면 힘겨운 시절의 경험이 있어야 비로소 마음에 평안이 깃드는 법이다.

정방향 키워드
삶의 무게, 막중한 책임, 의무, 부담

역방향 키워드
중압감, 기진맥진, 피로와 탈진

수비학
10, 한 주기의 완성

일반적 의미

완드 10 카드는 우리가 짊어진 책임과 명예에 관해 말해준다. 너무 많은 짐을 지고 가다 그만 심신이 소진하는 상황을 말이다. 과다한 업무나 책임으로 신체와 감각 그리고 감정까지 피해를 입고 그 결과 자신은 물론 자신이 아끼는 사람들에게 해줄 게 하나도 없는 경우가 있다. 그렇다면 자신이 열심히 일하고 살아가는 이유가 무엇인지 다시 한 번 되돌아보아야 한다. 자신을 이렇게까지 몰아붙이며 사는 이유가 무엇일까. 도움을 요청하거나 책임을 나눌 수 있다면 여유가 생기고 나를 돌보이게 하는 일에 제대로 집중할 수 있을 것이다.

사랑/연애

너무 많이 신경쓰거나 과다한 책임을 맡게 되면 연인을 새로 만나지도 혼자 제대로 쉬지도 못한다. 게다가 현재의 연인이나 배우자와의 관계마저 삐걱거릴 수 있다. 연애나 사랑에는 좀 더 많은 시간이 필요하다. 현재 연인 사이에서 자기 혼자 모든 걸 알아서하고 책임지고 있다. 이러다가는 조만간 탈진하는 상황이 올 수 있다. 한편 상대방이 자신에게 감정적으로 혹은 금전적으로 너무 의존하다보니 심한 압박감을 느끼게 될지도 모른다.

직업/금전

직장에서 과다한 업무로 심신이 탈진하기 직전이다. 업무 마감을 두고 고민하지 말고 주변에 도움을 요청하라. 또한 지금이라도 업무나 역할을 분담해서 밤낮없이 일하지 않도록 하라. 그동안 자신을 한계까지 밀어붙인 과제나 프로젝트가 막바지에 다다르고 있으니, 머지않아 한숨 돌릴 여유가 찾아오게 된다.

정서/심리

거절하지 못하고 모든 일에 '예'라고 말하면서 자신을 혹사시킨지 꽤 오래되었다. 분명하게 선을 긋고 '아니요'라고 말하면 그 순간은 불편할 수 있다. 하지만 세상의 짐을 모두 지고 갈 수는 없는 법이다. 힘에 부치는 책임을 떠안는 것을 주의하라. 어쩌면 개인적인 목적에서 창의적인 작업에 눈을 돌려 매진할 수도 있다.

역방향

성공하려고 자신을 지나치게 채찍질하며 살거나 완벽주의 성향으로 인해 극도로 지치고 탈진할 수 있다. 자신의 성과를 비관적으로 판단하거나 섣불리 타인과 비교하려들지 말고 현재 자신이 감당할 수 있는 만큼만 받아들여야 한다. 마땅히 해야 할 일이 있겠지만 내가 좋아서 하는 일도 꾸준히 이어가야 한다. 그게 아니라면 '아니요'라고 말해야 한다.

저널쓰기 ●●●●●●●●●●●●●●●

→ 삶의 어느 부분에서 그렇게 많은 책임이 요구되는가?

완드의
시종 *PAGE*

불의 메신저가 신나는 소식을
전해준다. 마음을 열고 모험으로
가득 찬 기회를 받아들이자.

흙은 시종이 자연과 안정감과 관련되어 있
음을 보여준다. '완드'의 시종인 만큼 그는
열정과 행동을 상징하는 불과 관련 있다.
완드의 시종은 청춘의 활력으로 가득 차
있는데, 그는 어린아이나 젊은이 혹은 내
면의 아이가 전하는 메시지를 상징한다.
즉, 좀 더 즐겁게 그리고 더 대담하게 모
험을 추구하라고 말이다. 가만히 서서 막
대를 응시하는 젊은 시종은 어떻게 하면
이 막대를 무궁무진하게 사용할 수 있을지
궁리하는 것 같다. 시종이 미동도 하지 않
은 채 상념에 잠긴 모습이 낯설기는 하지
만, 이는 그가 흙의 속성과 관련되었기 때
문이다. 그는 호기심 많은 인물이지만 침
착하기도 해서 신나게 놀면서도 다치는 법
이 없다. 이는 불에 타지 않는 피부를 가진
불도마뱀이 그려진 옷을 보면 알 수 있다.

정방향 키워드
충동, 즉흥성, 모험심

역방향 키워드
신뢰하기 어려움, 조급함, 경솔함

원소 결합
흙X불

일반적 의미

완드의 시종은 침착하지만 장난기 넘치고 호기심 어린 눈으로 세상을 바라본다. 이 메일, 문자, 전화 등을 통해 좋은 소식을 듣게 될 것이다. 직접 대면해서 듣게 될 수도 있다. 독창적인 경험과 새로운 기회를 경험할 수 있으니 늘 마음의 문을 열어두자. 그리고 이전과 다르게 적극적으로 자신의 생각을 표현해보라.

사랑/연애

재미있고 외향적이며 말하기 좋아하며 모험을 즐기는 사람에게 끌린다. 물론 이런 사람들은 약속은 거창하게 하지만 정작 이를 지키지 않는 경우가 허다하지만 말이다. 하지만 말보다 행동이 더 중요하다는 사실을 잊어서는 안 된다. 별도의 시간을 내어 현재의 연인이나 배우자와 유쾌한 활동을 해보자. 예전보다 둘의 관계는 더 가까워질 수 있다.

직업/금전

직장 제안을 받거나 관련 기회가 생기면서 활기를 되찾고 자신이 하는 일에 다시 열정이 생긴다. 한동안 눈코 뜰 새 없이 바쁘게 살았지만 이제 일의 우선순위를 정해야만 한다. 능숙한 솜씨로 일을 처리하려면 시간 관리 요령을 숙지해야 한다. 자신이 약속한 날짜에 맞춰 반드시 일을 마감할 수 있어야 한다.

정서/심리

무언가 새롭게 시작할 수 있는 시간이 찾아온다. 분명 신나는 일이지만 현실적으로 신중하게 접근해야 한다. 너무 무리할 수 있으니 말이다. 바로 요구에 응하지 말고 자신이 약속한 것을 관철할만한 시간과 여력이 되는지 잠시 되짚어 봐야 한다. 어린 시절 자신이 좋아했던 일들을 다시 해보면서 유년의 기억을 떠올려 보자. 물론 실제 아이들과 함께 놀며 시간을 보내는 것도 큰 위로가 될 수 있다.

역방향

제대로 된 계획도 없이 성급하고 충동적으로 행동하고 있다. 그러다 자신은 물론 다른 사람마저 실망시키고 급기야 자신은 물론 타인까지도 믿을 수 없는 사람이라는 오명을 남기게 된다. 누구나 이런 일을 한두 번은 겪는다. 하지만 이제 자신이 감당할 수 있다고 생각되는 일만 맡아야 한다. 또한 역방향으로 나온 완드의 시종은 실제 어린 아이나 혹은 유치하게 행동하는 사람을 가리킬 수 있다. 이는 자기 앞에 닥친 문제를 감당하지 못하고 불평만 늘어놓는 사람을 의미한다.

저널쓰기 ••••••••••••••••••••••••••••••••••••

→ 완드의 시종이 몰입해서 시작하고 싶은 일은 무엇일까?

완드의
기사 *KNIGHT*

행동 지향적인 기사는 재빠르게
주도권을 장악하고 신속하게 결과를
보여준다.

공기는 기사가 소통의 의지와 관련되어 있
음을 보여준다. '완드'의 기사인 만큼 그는
열정과 실행력을 상징하는 불과 관련 있다.
말을 탄 기사는 숭고한 목적을 품은 채 원
정에 참여했었다. 이제 그곳에서 돌아 온
기사는 당신이 원했던 선물, 즉 공기의 속
성을 지닌 선물을 전해주려 한다. 완드의
기사 카드에서 공기는 불과 결합해 불꽃을
일으키며 활활 타오르는데, 기사는 자신이
다칠까 두려워하지 않고 과감한 행동에 나
선다. 기사가 두른 웃옷에는 불에 타지 않
는 피부를 가진 불도마뱀이 새겨져 있는데,
이는 그가 입은 갑옷과 함께 그를 위험에
서 보호해 준다. 그는 참신한 아이디어와
성장 가능성을 상징하는 싹이 튼 막대를
쥐고 황량한 풍경을 빠르게 가르며 지나
간다. 그는 열정적이고 용감하며, 임무를
완수하기 위해 자신이 내뱉은 말을 그대로
실천한다. 때로는 거대한 야심에 사로잡혀
성급하게 행동하기도 하지만 그가 실패하
는 경우는 거의 없다.

정방향 키워드
신속한 행동, 열정

역방향 키워드
자신에 대한 의심과 불신, 주저하고
망설임

원소 결합
공기X불

일반적 의미

자신의 생각과 계획을 행동으로 옮겨야 하는 순간이 다가왔다. 시작을 알리는 청신호가 켜진 셈이다. 일단 첫걸음을 떼고 나면 어떻게 해서 모든 게 자신이 원했던 대로 신속하게 진행되는지 눈여겨보자. 우선 자기 자신을 믿고, 나를 도와주는 사람들을 믿고 따르자. 한참동안 일이 풀리지 않고 앞으로 나가지 못하는 상황이었다 해도, 이제 다시 열정의 불을 지피고 목표를 향해 전진하는 순간이 다가왔다. 직관이 이끄는 충동에 귀를 기울이며 주저하지 말고 그대로 실행에 옮기자.

사랑/연애

매력적이고 열정어린 상대방이 적극적으로 구애를 할지도 모른다. 새로 사귄 연인과 급속도로 가까워지면서 어쩔 줄 몰라 당황할 수 있다. 하지만 이는 일시적인 현상이니 이에 연연하지 말고 매 순간 축제 같은 날들을 온전히 즐겨라. 여행 중에 사랑하는 사람을 만날 수도 있고, 현재의 연인이나 배우자와 함께 여행을 떠나 다시 낭만과 열정을 경험하게 될 수도 있다.

직업/금전

사업이 빠르게 성장하게 된다. 자신의 직관에 따라 판단한다면 수익 증대는 물론 성공을 향한 다음 단계로 나아갈 수 있다.

잠시 침체기를 겪겠지만 머지않아 성장 단계에 접어든다. 그러니 기회라는 생각이 든다면 바로 행동으로 옮겨야 한다. 특히 독창적인 과제나 프로젝트에 착수한다면 충분한 열정과 의욕을 발휘할 수 있다.

정서/심리

바쁘지만 즐거운 심정으로 목표를 향해 전진하게 된다. 이사를 하는 경우도 예외는 아니다. 하는 일이 지체되거나 꽉 막힌 상황이라 해도, 조만간 좋은 소식이 들려오고 도움을 받아 다시 성장의 궤도에 올라선다. 전반적으로 삶에 대한 의욕이 솟아나고 충분히 열정을 발휘하게 된다.

역방향

자신이 바라는 대로 목표를 달성하지 못하고 상황이 정체되면서 회의감에 빠지게 된다. 일이 지체되고 오해가 불거지는 것은 피할 수 없는 인생의 문제다. 하지만 이를 포기하라는 신호로 받아들이면 안 된다. 더 나은 방법이 꼭 있기 마련이니 조금 더 인내하고 직관이 이끄는 대로 따라 가보라. 이 힘든 고비를 십분 활용하며 기회를 엿볼 수 있다.

저널쓰기 ....

→ 완드의 기사가 당신에게 전해주고 싶은 것은 무엇이라고 생각하는가?

완드의 여왕 *QUEEN*

완드의 여왕은 여성의 본성, 즉
직관을 통한 창조성과 타인의 감정을
헤아리는 정서 능력을 대변한다.
게다가 열정적이며 마음에서
우러나와 행동하는 존재이다.

물은 여왕이 애정이나 감정과 관련되어 있
음을 보여준다. '완드'의 여왕인 만큼 열정
과 행동을 추구하는 불과 관련 있다.
타로에서 여왕은 품어주고, 창조하고, 보
살피며 사랑하는 여성의 본성을 상징하
며 물의 속성을 갖는다. 직관적인 물에 불
의 속성이 더해져 여왕은 주고받으며 행
동지향적인 능력을 발휘한다. 완드의 여왕
은 정면을 향하고 있어 수동적이지 않고
자신감에 찬 모습이다. 시선은 직관을 가
리키는 왼쪽을 향하고 있는데, 이는 그녀
가 물의 속성과 여성 에너지 모두와 관련
되기 때문이다. 이러한 조합은 아주 강력
한 인상을 주는데, 완드의 여왕은 역사적
으로 '타로 속 마녀'라고 불려왔다. 왜냐
하면 자신의 실체를 증명하기 위해 신성
한 힘을 매개할 수 있는 마법사와 닮은 데
가 있기 때문이다. 여기서 '마녀'라는 용어
는 꿈을 현실로 실현해 낼 수 있는 능력을
의미하며, 특정 종교와 관련 있는 것은 아
니다. 마녀의 친구로 알려진 검은 고양이
가 완드의 여왕 옆에 앉아 있는데, 완드
의 여왕이 왜 마녀로 불렸는지 충분히 짐
작할 수 있다.

정방향 키워드
창조력, 야심, 포부

역방향 키워드
가치의 부재, 창의성의 걸림돌

원소 결합
물X불

일반적 의미

완드의 여왕은 여러분에게 자신의 힘을 완전히 발휘하고, 자신의 야망을 솔직히 인정하며, 리더십을 발휘하라고 촉구한다. 자신이 영향력을 발휘할 수 있는 존재임을 인정하고, 매사에 올바른 길로 나아가며 위협이나 불안에서 벗어날 수 있다는 사실을 알아야 한다. 자신감과 함께 나의 가치가 상승하면서 자신의 능력에 걸맞는 현실이 눈앞에 펼쳐지게 된다.

사랑/연애

건실하고 자신감 넘치며 인정 많은 연인에게 끌린다. 상대방은 현실적으로 안정되었고 나름 성공했다. 그런 사람과의 연애는 분명 즐거울 수 있지만 간혹 주눅이 드는 경우도 있다. 하지만 자신이 그에 걸맞은 상대라는 사실을 염두에 두고 이 멋진 연인과의 만남을 즐기라. 자신의 능력을 부인하지 말고 관계를 주도해나가면 자신이 생각보다 더 견고한 존재라는 사실을 깨닫게 될 것이다.

직업/금전

직장에서 능력을 발휘하고 동료들로부터 인정받게 된다. 자신만의 사업을 운영하는 입장이라면 자신의 직관을 신뢰해야 한다. 그래야 사업을 확장하고 수익을 증대할 수 있는 행동에 나설 수 있다. 자신이 발휘하는 창의력과 열정은 자신만이 아니라 다른 사람에게 영감을 준다는 점에서 성공에 꼭 필요한 자산이다. 리더십을 발휘할 수 있는 업무나 역할을 맡아보거나 기회가 생기면 연설을 해보도록 하자.

정서/심리

영적 수행을 하며 자신만의 직관력을 키우고 꿈을 현실로 만드는 노력에 집중해야 한다. 자연에서 보내는 시간은 원기를 회복시켜서 원래의 업무나 과제로 무리없이 돌아가게 도와준다. 우선 자존감과 자긍심을 훼손하는 방해요인을 제거하자. 그래야만 자신감을 되찾고 큰 폭으로 성장하며 인간관계도 개선해 나갈 수 있다.

역방향

자신의 가치를 스스로 의심하거나, 다른 사람들이 자신의 가치나 능력을 못 알아본다고 느끼는 상황이다. 일단 스스로 자신을 믿고 의지할 수 있어야 자신의 뜻대로 행동할 수 있다는 확신이 뒤따르는데, 그랬을 때 다른 사람도 이런 변화를 알아채고 당신을 더 존중하고 높이 평가할 것이다.

저널쓰기 •••••••••••••••••••••••••

→ 완드의 여왕이 품고 있는 열정적 에너지를 이용해 당신이 창조하고 싶은 것은 무엇인가?

완드의 왕 *KING*

완드의 왕은 고결하고 흔들리지 않는 태도로 행동하면서 확신과 성실, 그리고 리더십을 발휘하는 남성적 에너지를 간직하고 있다.

불은 왕이 열정, 실행력, 리더십과 관련되어 있음을 보여준다. '완드'의 왕인만큼 불의 원소와 관련되는데, 그 결과 열정을 품고 행동하는 리더십이 두 배로 드러난다. 왕은 안정감, 권위, 건강한 남성 에너지를 대표하고 있으며 각 슈트 카드의 지배자 역할을 한다. 완드의 왕은 불의 원소를 두 배로 지니고 있어, 순수한 야망과 실행력을 보여준다. 왕은 각각 힘과 보호나 방어를 상징하는 사자와 불도마뱀이 그려진 왕좌에 앉아있다. 먼 곳을 응시하고 있지만 왕은 언제라도 바로 행동할 준비가 되어 있고, 그의 옆에는 살아있는 불도마뱀이 있어 필요하면 언제든지 그와 함께 행동에 나설 태세이다. 완드의 왕은 다양한 실전 경험을 갖고 있지만 여러 개의 임무나 책임을 위임하고, 자신의 저력을 함부로 낭비하지 않는 법을 터득하고 있다.

정방향 키워드
힘, 권력, 영향력, 능력, 권위

역방향 키워드
권력의 남용, 약자를 무시하고 하대하는 처사

원소 결합
불X불

일반적 의미

완드의 왕은 리더십과 권위 그리고 안정감을 갖추고 있어 역경이 닥쳐도 침착함을 잃지 않는 인물을 가리킨다. 한편 인생의 어느 지점에서 권위 있는 역할을 맡아볼 것을 요구하기도 한다. 자신의 충동을 따르면서도 성숙하고 자신감 있는 태도를 유지한다면 열정을 잃지 않고 단호하게 행동할 수 있다. 자신의 주변에 완드의 왕과 같이 처신하는 사람들이 있다면 당신은 어떤 반응을 보이는지 눈여겨보자.

사랑/연애

심리적으로 안정되고 권위가 있고 자기 분야에서 성공한 카리스마 넘치는 사람에게 호감을 가져왔다. 이런 연인과 함께 성실, 실천, 안정감을 바탕으로 성숙한 관계로 성장해 나갈 수 있다. 하지만 서로 강렬한 열정과 욕망으로 인해 자존심이 충돌할 수 있으니 이를 조심해야 한다. 둘이 동시에 주도권을 잡으려 하는 상황이라 양보와 타협이 반드시 필요하다.

직업/금전

완드의 왕은 여러분이 사업가의 기질을 타고났음을 보여준다. 한편 진취적인 자세로 목표를 향해 첫 발을 떼었다는 의미이기도 하다. 팀이나 조직을 이끌어 가면서 직장 동료들의 지지를 받을 수도 있다.

많은 사람들이 여러분의 능력과 기량을 신뢰하고 있다. 그러니 인간적임과 성실함을 잃지 말자. 경력 차원에서 눈부시게 성장하게 되거나 점점 사업의 규모가 확장된다.

정서/심리

자신의 직관을 믿고 행동에 나서거나 자신의 입장이나 주장을 분명하게 펼쳐야 하는 순간이 다가온다. 자기 마음대로 떠나는 여행을 예로 들 수 있다. 머지않아 타인에 대한 자신의 반응과 대응을 섬세하게 다듬느라 고생을 할 수도 있다. 자신의 재능과 솜씨를 발휘하는 데 자신감이 든다.

역방향

특정 상황에서 권력이나 권한을 남용하고 원한을 품거나 타인을 무시하고 괴롭히는 등 남성의 활력을 잘못 사용할 수 있다. 권한이나 영향력을 발휘하는 자리에는 늘 책임감이 따른다. 그리고 다른 사람들도 진실하게 행동하도록 힘을 실어주어야 한다. 직관에 귀를 기울이면서 나의 이기적이고 부당한 의지가 어디에서 비롯되었는지 신중하게 들여다보라.

저널쓰기 ·········

→ 인생에서 여러분이 행동에 착수하고 열중해야 하는 부분은 어디일까?

키워드로
이해하는
타로의 의미

메이저 아르카나

페이지	카드		정방향 키워드	역방향 키워드
54	바보		새로운 시작, 자유, 파격	인생 경험과 판단력의 부족, 변화에 대한 두려움
56	마법사		능력의 실현, 창조자, 영감에 따른 행동	개인의 무능력과 비효율, 조작, 조종
58	고위 여사제		직관, 자각, 자기이해	직관을 통한 소통의 단절, 내면을 응시하지 않는 태도
60	여황제		사랑의 수용, 창조력	단절, 창조력의 장애
62	황제		직관에 따른 정확한 행동, 개인의 능력, 힘, 권력, 영향력	행동할 수 없는 무능력, 수동적이고 자기방어적인 태도
64	교황		스승, 전통, 관습	융통성 없는 신념, 새로운 것을 배우지 않으려는 타성

페이지	카드		정방향 키워드	역방향 키워드
66	연인		관계, 조화, 감정적 유대, 협력	부조화, 불균형
68	전차		직관에 따른 올바른 행동, 추진력	전진하지 못하는 무력감, 정체, 지체
70	힘		장애물 극복, 인내, 끈기	두려움, 불안, 자신감 부족
72	은둔자		지혜, 고독, 예지, 적막감	외로움, 고립감
74	운명의 수레바퀴		순환, 변화, 주기, 반복	지체, 퇴행, 퇴보
76	정의		진실, 균형, 정직, 평정, 침착	불균형, 부당한 처신이나 대우

메이저 아르카나 (앞장과 이어짐)

페이지	카드		정방향 키워드	역방향 키워드
78	매달린 사람		기다림, 관점의 변화	성급함, 무기력, 타성
80	죽음		변화, 해방, 전환	과거에 집착, 변화를 거부
82	절제		중용, 조화, 최선의 순간	불균형, 결과를 무리하게 재촉
84	악마		파괴, 정체, 중독	해방, 자유
86	탑		대혼란, 격변, 갑작스러운 변화	집착과 고집, 내려놓지 못하는 두려움

페이지	카드		정방향 키워드	역방향 키워드
88	별		희망, 치유, 소망, 회복, 기대	믿음의 상실, 근원으로부터 단절
90	달		꿈, 희망, 환영	곤란한 일을 회피함, 진실의 수용을 거부
92	태양		명료함, 낙관, 명백함, 희망	비관, 혼란
94	심판		각성, 있는 그대로 받아들임	불신, 자기 회의, 분노, 억울함
96	세계		성공적인 완성, 노력에 대한 보상	미완성된 행동, 지연된 축하

마이너 아르카나: 컵

페이지	카드		정방향 키워드	역방향 키워드
100	에이스 컵		새로운 사랑, 감정적 유대, 관계	감정의 고갈이나 왜곡, 실망, 낙담, 기대에 어긋남
102	컵 2		연인 또는 배우자 관계, 합일, 협력, 화합, 조화	부조화, 불화나 이별, 분열, 관계의 단절
104	컵 3		축하, 친목, 연대감, 일체감, 찬사	감정적 고갈 상태, 지나친 쾌락 추구나 중독, 방임
106	컵 4		냉담, 무감동, 무관심, 정체, 침체	변화를 거부, 침울한 기분, 불쾌함
108	컵 5		비통한 심정, 슬픈 마음, 큰 고뇌, 비애	희망의 조짐, 새로운 출발, 전진
110	컵 6		조화, 화합, 융화, 균형, 애정 어린 추억, 기억, 회상	과거에 대한 향수, 집착, 과거 속에 정체된 삶

페이지	카드		정방향 키워드	역방향 키워드
112	컵 7		가능성, 잠재성, 희망, 기회, 공상, 몽상, 백일몽	환상(착각), 혼란, 혼동, 애매모호
114	컵 8		떠남, 나아감, 전진	얽매임(각박하고 힘겨운 삶), 변화를 회피
116	컵 9		만족과 충만, 흡족, 윤택, 풍요로움	지나친 자기만족, 거만한 태도, 오만, 건방짐
118	컵 10		행복, 충만, 기쁨, 유쾌, 행운, 성취감, 실현	불화, 갈등, 부조화
120	컵의 시종		재미, 사랑의 메시지, 흥미와 쾌활, 자신과 타인의 감정을 헤아리는 능력	미성숙, 미완성, 철부지, 과민한 반응
122	컵의 기사		감정적 배려, 정서적 헌신, 신속	완벽주의, 낙담과 실망, 기대에 어긋남

마이너 아르카나: 컵 (앞장과 이어짐)

페이지	카드		정방향 키워드	역방향 키워드
124	컵의 여왕		진실한 보살핌, 양성, 육성, 여성 에너지	의심과 불신, 의혹, 정서적 거리감
126	컵의 왕		정서적 안정감, 공감, 이해, 동조	신뢰할 수 없음, 의지가 안 됨, 선을 넘음

마이너 아르카나: 펜타클

페이지	카드		정방향 키워드	역방향 키워드
130	에이스 펜타클		새로운 시작, 충만, 풍요와 번영	풍요를 한없이 기다리며 지체되는 상황
132	펜타클 2		균형, 평정, 침착, 안정	긴장, 불안, 책임회피
134	펜타클 3		성공, 행운, 출세, 새로운 기회나 가능성의 출현	권태, 심신의 탈진, 극도의 피로, 자신감 부족, 확신 없음

페이지	카드		정방향 키워드	역방향 키워드
136	펜타클 4		안정된 현실을 마련, 재산을 유지	물질주의, 통제된 생활
138	펜타클 5		삶의 결핍에 집중, 심신이 고갈되고 금전적으로 위태로운 느낌	시련에서 벗어나는 노력
140	펜타클 6		관대한 마음과 행동, 아량, 자신의 것을 베푸는 행위	조건을 달아 베푸는 행위, 불평등, 불균형, 편파
142	펜타클 7		성장, 발전, 진전, 성숙, 확장, 끈기, 인내, 기다림	성급함, 지연, 조바심, 연기, 꾸물거림
144	펜타클 8		각고의 노력, 생산성, 비옥, 풍요	권태, 심신의 탈진, 과로, 저평가 된 능력과 기술, 허탈감, 혹사, 경시
146	펜타클 9		성공, 기쁨, 행운, 출세, 즐거움, 향유	물질에 집착, 감사할 줄 모름

마이너 아르카나: 펜타클 (앞장과 이어짐)

페이지	카드		정방향 키워드	역방향 키워드
148	펜타클 10		부, 귀중한 산물, 물질적 풍요, 가정, 유산이나 재산, 상속, 계승	상실, 손실, 쇠퇴, 전통과의 단절
150	펜타클의 시종		실현, 빈틈없는 시작	꾸물거림, 명확한 계획이 없는 상황
152	펜타클의 기사		장기간에 걸친 풍요와 성공, 꾸준한 성장	우유부단, 나른한 자기만족
154	펜타클의 여왕		관대함, 믿고 기댈 수 있는 여유	물질에 대한 집착, 신뢰할 수 없는 성격
156	펜타클의 왕		부와 재산, 관대함, 아량	탐욕, 자기중심적 사고

마이너 아르카나: 소드

페이지	카드		정방향 키워드	역방향 키워드
160	에이스 소드		명백함, 명쾌, 명료한 사고, 참신한 아이디어	혼동, 혼란과 착각, 우유부단, 애매모호, 결단력이 없음
162	소드 2		우유부단, 자기방어, 결단력이 없음	조작이나 은폐, 직관이 차단됨, 속임수
164	소드 3		슬픔, 고통, 비통, 비애, 아픔	회복, 고통이나 상처의 치유
166	소드 4		휴식, 평정, 자기 성찰, 정체	초조와 불안, 생각 없이 사는 일상
168	소드 5		갈등과 대립, 언쟁과 의견충돌	갈등의 해소, 앙심이나 원한을 내려놓기
170	소드 6		전진, 치유와 회복을 위한 여행	힘겹고 더디게 전진하는 상황, 제자리걸음

마이너 아르카나: 소드 (앞장과 이어짐)

페이지	카드		정방향 키워드	역방향 키워드
172	소드 7		기만과 속임수, 음모, 전략	무질서, 혼란한 생각
174	소드 8		답답한 느낌, 구속과 제약	해방과 자유, 우유부단
176	소드 9		근심, 걱정, 불안	희망의 부재, 절망과 낙담
178	소드 10		종결, 완성, 새로운 시작	지체되는 결말, 과거에 집착하고 회귀
180	소드의 시종		열정, 배움에 대한 열망	뜬소문, 자기 방어적 태도
182	소드의 기사		진실 추구, 강력한 자기주장	억지를 부리거나 고압적인 태도

페이지	카드		정방향 키워드	역방향 키워드
184	소드의 여왕		단호한 입장, 정직, 명백함, 과감함	비난, 변명이나 자기 방어
186	소드의 왕		지적인 포부, 리더십, 통솔력	통제, 심판

마이너 아르카나: 완드

페이지	카드		정방향 키워드	역방향 키워드
190	에이스 완드		영감, 창조력, 활기	주저하고 망설임, 지체, 중단
192	완드 2		선택, 미래의 계획	조급함, 계획의 부재
194	완드 3		발전, 성장, 확장	지체, 낙담, 실망

마이너 아르카나: 완드 ^(앞장과 이어짐)

페이지	카드		정방향 키워드	역방향 키워드
196	완드 4		축하, 특별한 사건이나 행사	현재의 순간에서 기쁨을 찾음
198	완드 5		경쟁, 대결	과장, 침소봉대, 해결의 실마리
200	완드 6		승리, 타인의 인정	늦어지는 성공
202	완드 7		자기 방어, 변호, 자기주장	지나친 경계, 패배감
204	완드 8		이동, 전진, 신속한 행동	지체, 지연, 인내하는 상황
206	완드 9		끈기, 불굴, 자립	포기, 지체, 기다림

페이지	카드		정방향 키워드	역방향 키워드
208	완드 10		삶의 무게, 막중한 책임, 의무, 부담	중압감, 기진맥진, 피로와 탈진
210	완드의 시종		충동, 즉흥성, 모험심	신뢰하기 어려움, 조급함, 경솔함
212	완드의 기사		신속한 행동, 열정	자신에 대한 의심과 불신, 주저하고 망설임
214	완드의 여왕		창조력, 야심, 포부	가치의 부재, 창의성의 걸림돌
216	완드의 왕		힘, 권력, 영향력, 능력, 권위	권력의 남용, 약자를 무시하고 하대하는 처사

참고 문헌

· ·

도움이 될 만한 타로 서적과 타로 덱을 소개하고
싶다. 특히 이제 막 타로를 배우며 타로의 여정을
시작한 초심자들에게 큰 도움이 될 거라 믿는다.
나는 이 책들을 서재에 잘 꽂아두고 몇 년에 걸쳐
읽으며 타로에 관해 많은 것을 배울 수 있었다.
한편 이 책에서 사용된 타로 덱은 고전적인
라이더-웨이트-스미스 덱으로 내가 처음 접한 타로
덱이기도 하다. 하지만 내가 개인적으로 선호하는 일부
현대 타로 덱도 소개하고 싶다. 내가 소개하는 현대의
타로 덱들은 전통에 집착하기보다는 우리 각자의
직관을 키우는 데 초점을 맞추고 있다. 그 형태도
무척 다양하고 인종, 문화, 종교 그리고 성과 관련해서
차별적인 요소가 희박한 덱이다. 또한 타로 제작자나
예술가의 섬세한 시선으로 타로를 재해석하고 있어서
비교적 참신한 관점을 키울 수 있게 도와준다.
이처럼 다양한 타로 덱을 경험하며 나는 전통적인
지혜와 현대적 경험을 갖출 수 있었고, 이로 인해 타로
카드를 능숙하게 활용할 수 있게 되었다.

· ·

타로 서적

『타로를 읽는 21가지 방법21 WAYS TO READ A TAROT CARD』
메리 케이 그리어Mary K. Greer 저서(국내 미출간)

www.marykgreer.com

전통적인 타로 해석과 저자의 독창적인 견해가 합쳐져 타로 카드를 기막히게
해석하는 방법을 소개한다. 저자 메리 케이 그리어는 평범한 생각의 틀을 거부한다.
참신하고 다양한 방법으로 타로를 활용하도록 이끌어준다.

『타로 위즈덤: 영적 가르침과 심오한 의미TAROT WISDOM: SPIRITUAL TEACHINGS AND DEEPER
MEANINGS』레이첼 폴락Rachel Pollack 저서(출간 예정)

www.rachelpollack.com

레이첼 폴락은 가장 존경받는 타로의 대가로『타로 위즈덤』에서는 고전 타로 덱과
현대의 타로 덱을 비교하여 각각의 그림과 해석을 비교하고 타로 카드에 얽힌 자신의
개인담을 가감 없이 들려준다. 그녀의 또 다른 저서인『타로 78장의 지혜78 Degrees of
Wisdom』(미출간)는 '타로의 성서'라고 할 수 있는데, 돋보이는 타로 참고서로서 많은
사랑을 받아왔다. 이 책은 통찰력이 돋보이는 다양한 타로 스프레드를 소개하고 카드
해석을 이야기 형식으로 풀어나간다.『타로 위즈덤』과『타로 78장의 지혜』만큼은 꼭
읽어보기 바란다.

『타로: 역사, 상징, 그리고 점술THE TAROT: HISTORY, SYMBOLISM, AND DIVINATION』
로버트 플레이스Robert Place 저서(미출간)

www.robertmplacetarot.com

이 책은 타로의 역사를 상세하고 깊이 있게 다룬다. 또한 타로 카드 각 장에 등장하는
신비한 상징과 심오한 의미를 풍부하게 해설한다. 로버트 플레이스는 타로 카드의
역사적 사실과 독창적인 상상력을 결합해서 카드 세 장으로 구성된 고유한 타로
스프레드를 소개한다.

타로 덱

스테파니 카포니Stefanie Caponi의 문 보이드 타로THE MOON VOID TAROT

www.moonvoidtarot.com

'문 보이드 타로'는 타로 카드를 주제로 주인공의 여정을 흑백으로 제작한 현대적인 타로 덱이다. 이 타로 덱은 억압된 인격의 요소인 그림자를 자세히 탐구하고 자신을 성찰할 수 있도록 설계되었다. 문 보이드 타로에 수록된 가이드북은 타로와 점성술을 결합한 독창적인 타로 스프레드를 다양하게 소개한다.

리사 스털Lisa Sterle의 모던 위치 타로 덱THE MODERN WITCH TAROT DECK

www.lisasterle.com

라이더 - 웨이트 - 스미스 덱의 그림을 현대적으로 재해석하여 카드에 나오는 인물을 모두 여성 내지는 여성이나 중성적인 인물로 묘사하고 있다. 고전적인 인간의 원형을 현대적인 배경에 등장시켜서 쉽게 공감이 가는 타로 덱이다.

킴 크란스Kim Krans의 와일드 언노운 타로THE WILD UNKNOWN TAROT

www.thewildunknown.com

자연을 강조하고 사람이 아닌 동물이 등장하는 새로운 형식의 고전 타로라고 할 수 있다. 아름답게 채색된 타로 덱과 가이드북은 네 개의 원소와 자연을 부각시키면서 간단명료한 카드 해석을 소개한다.

크리스틴 프레더임Kristine Fredheim의 소울 카드 타로SOUL CARDS TAROT

www.soulcardstarot.com

소울 카드 타로는 전통적인 마르세이유 타로를 현대적으로 재해석한 카드로 최소한의 이미지만 사용한다. 카드에 인물은 등장하지 않고 화려하고 추상적 이미지로 카드를 디자인했다. 소울 카드 타로는 연한 핑크나 광택이 있는 검은색midnight black 카드로 구입할 수 있다.

추천의 글

먼저 고백할 게 있다. 나는 책으로 타로 공부를 시작하지 않았다.

1970년대와 80년대 한국에서 타로를 배울 수 있는 책이나 타로 덱 자체를 구매할 수 있는 곳은 거의 없었다. 친언니가 즐겨보던 '여학생'이란 잡지에서 일본 잡지를 조잡하게 베긴 별자리 점 보기나 중세 고딕 분위기가 물씬 풍기는 타로카드 이미지가 실린 것을 접한 게 처음이었다. 어린 마음에 너무나 신비하고 이교도적인 그림에 나도 모르게 이끌려 언니 몰래 잡지책을 한 장 한 장 오린 후 종이 뒤 쪽에 두꺼운 달력을 붙여 나만의 첫 타로카드를 가질 수 있었다. 물론 언니한테 온갖 욕을 먹었지만 그 해 겨울방학 내내 그 문제의 타로카드로 언니와 언니 친구들의 연애점을 봐주며 뉴욕제과 빵을 잔뜩 얻어 먹었던 추억이 있다.

그때 '여학생'잡지에 실렸던 '타로 연애점' 보는 설명서가 나의 첫 타로 입문서라 할 수 있다. 그 이후에도 한국에서 제대로 번역된 타로 관련 책은 찾아보기 힘들었다. 미국 출장 다녀 온 친지나 지인에게 어렵게 부탁해 원서를 구하는 게 유일한 방법이었다. 10여 년 전부터 개성있는 작가주의 타로 덱과 주로 북미에서 활동하는 타로 마스터들의 다양한 관점의 타로 책들이 폭발적인 성장을 하게 됐다. 그리고 현재 우리나라에서도 역학 코너의 주류였던 사주 명리책이 쌓이는 속도보다 더 빠르게 타로 관련 책들이 속속들이 책장을 채우고 있다. 이런 갑작스러운 변화의 속도는 30년간 타로 상담을 해 온 내게도 숨이 찰 지경이다. 하지만 정말 숨을 못 쉴 만큼 행복감도 느낀다. 어쩔 수 없이 독학 아닌 독학을 하면서 혹은 오역으로 점철된 해적판 원서로 공부를 했던 나의 과거를 생각하면 지금은 타로의 '황금시대'가 아닌가 싶다.

그 변화 속에 나를 가장 기쁘게 한 소식은 타로 관련 책을 전문으로 출판하는 '페르아미카실렌티아루네'의 출발이다. 아무리 타로에 대한 인기가 대중적이라 해도, 점점 위축돼가는 출판계의 현실을 둘째로 치더라도, 이렇게 비대중적인 분야의 전문 타로 관련 번역서를 출간하겠다는 건 정말 무모하지만 앞으로 양질의 콘텐츠로 타로 상담가의 환경을 개선하고 다양한 분야로의 확장성을 이끌 수 있는 소중한 도전이라 생각한다. 그리고 이번에 '페르아미카'에서 내는 첫 책!

"스테파니 카포니의 가이디드 타로 Stefanie Caponi's Guided Tarot"

눈에 상큼하게 들어오는 노란색 표지에 본문은 올 컬러로 인쇄되어 타로카드 특유의 라인과 색채를 잘 살리면서도 영피플 취향 저격의 예쁜 색감과 폰트가 구매 욕구를 자극한다. 20년 이상 경력의 이 책의 작가 '스테파니 카포니'는 문 보이드 타로 Moon Void Tarot의 타로 덱 크리에이터이기도 하다. 이 책의 서문을 읽으면 스테파니 카포니가 어린 시절 타로의 불모지에서 어렵게 신비주의에 탐닉했고, 인생의 실패와 실망을 온몸으로 겪을 때 타로를 통해 스스로의 길을 찾아낸 내용을 읽을 수 있다. 그런 자신의 경험 때문인지 이 책을 읽는 독자들이 자신이 겪은 어려움없이 자연스럽고 즐겁게 타로에 입문하길 바라는 마음으로 시처럼 간결하고 서사처럼 직관적인 타로 안내서를 구상하지 않았나 헤아려 본다.

작가가 타로를 대하는 마음가짐과 타로 리딩을 위한 프로세스는 그동안 타로 책에서 보기 힘든 유용한 팁이다. 작가의 재치있고 명료한 카드 설명은 확실히 현실감각적이고 현대적이라 새롭게 배우는 기쁨이 만만치 않았다. 특히 '사랑과 연애'에 대한 내용은 내 상담을 업그레이드해 줬다. 직접 고안한 편리한 스프레드 역시 내담자에게 바로 사용해 볼 수 있었는데 꽤 만족도가 높아서 전문 타로리더에게 강추하고 싶다. 특별히 내가 애정하는 타로 속 수비학에 대한 키워드 설명이 점성술과 직업, 사랑 , 영적 삶에 대한 지침과 비슷한 비중으로 다뤄져서 더 눈길을 끌었다. 타로를 처음 접하는 입문자라면 당연히 타로를 어떻게 시작하는지부터 어떻게 사용할지까지 상냥한 가이드가 될 것이다. 물론 노련한 전문 상담가에게도 작가의 독특하고 모던한 통찰력으로 새로운 시각을 열어 줄 거라 기대한다.

이 책은 타로카드 10번 '운명의 수레바퀴'를 닮았다. 망설이지 말고 바로 수레바퀴 위로 올라타고 타로의 세계로 직행하는 가이드를 만나길 바란다. 특히 국내 타로 전문 '페르아미카'에서 출간하는 첫 책이기에 멋진 도전에 응원하는 마음으로 적어도 3권은 구매해야 한다고 주장하고 싶다. 한 권은 형광펜 줄 쳐가며 읽는 용, 한 권은 예쁘게 소장용, 그리고 나머지 한 권은 인생의 고민에서 빠져나오지 못한 친구에게 선물하기 위해서!

2022년 4월 타로수비학상담가 한민경

번역 ✳ 손은혜

통역번역대학원 졸업 후 삼성그룹 계열사, 법무부 산하기관 및 특허법인 소속 통·번역사로 근무했다.
현재는 외국계 소프트웨어 글로벌 기업에서 영문 테크니컬 및 UX 라이터/에디터로 근무하고 있으며
프리랜서 통·번역사로도 활동 중이다. 타로 매력에 빠져 타로 자격증을 따고 영어 원서로
타로 공부에 매진하던 중 타로 Bible이 될 Guided Tarot을 만나 번역하게 되었다.

감수 ✳ 올리비아 서

90년대 호주 시드니에서 처음 타로를 만나 향유해 왔으며 현재는 연구와 강의를 통해 타로의
아름다움을 전달하고 있다. 평일에는 미국계 회사의 콘텐츠 부문 한국과 일본 리전 담당 이사로,
저녁과 주말에는 타로티스트^Tarotist로서의 삶을 살고 있다. 다수의 타로 연구회를 이끌며,
타로 영어 원서 강독과 더불어 신문사, 교육문화센터, 각종 브랜드 등에서 타로 강의를 하고 있다.
「가이디드 타로」의 한글판 출간을 위해 감수 작업을 하였다. 한편 국제 요가지도자로 타로와 요가를
통해 일상을 신비로 채우는 법을 나누고 있다.

가이디드 타로

1판 4쇄 펴냄 2024년 2월 22일

지은이 스테파니 카포니
옮긴이 손은혜
편집 이경인
감수 올리비아 서

출판등록 1978. 3. 15.(제10-73호)
주소 서울특별시 마포구 마포대로 3다길 18, 1603호
편집주간 010-8568-7094
Fax (02)6499-1483
e-mail linolenic@hanmail.net
Instagram @publisher_peramica

ISBN 978 89 7440 274 7